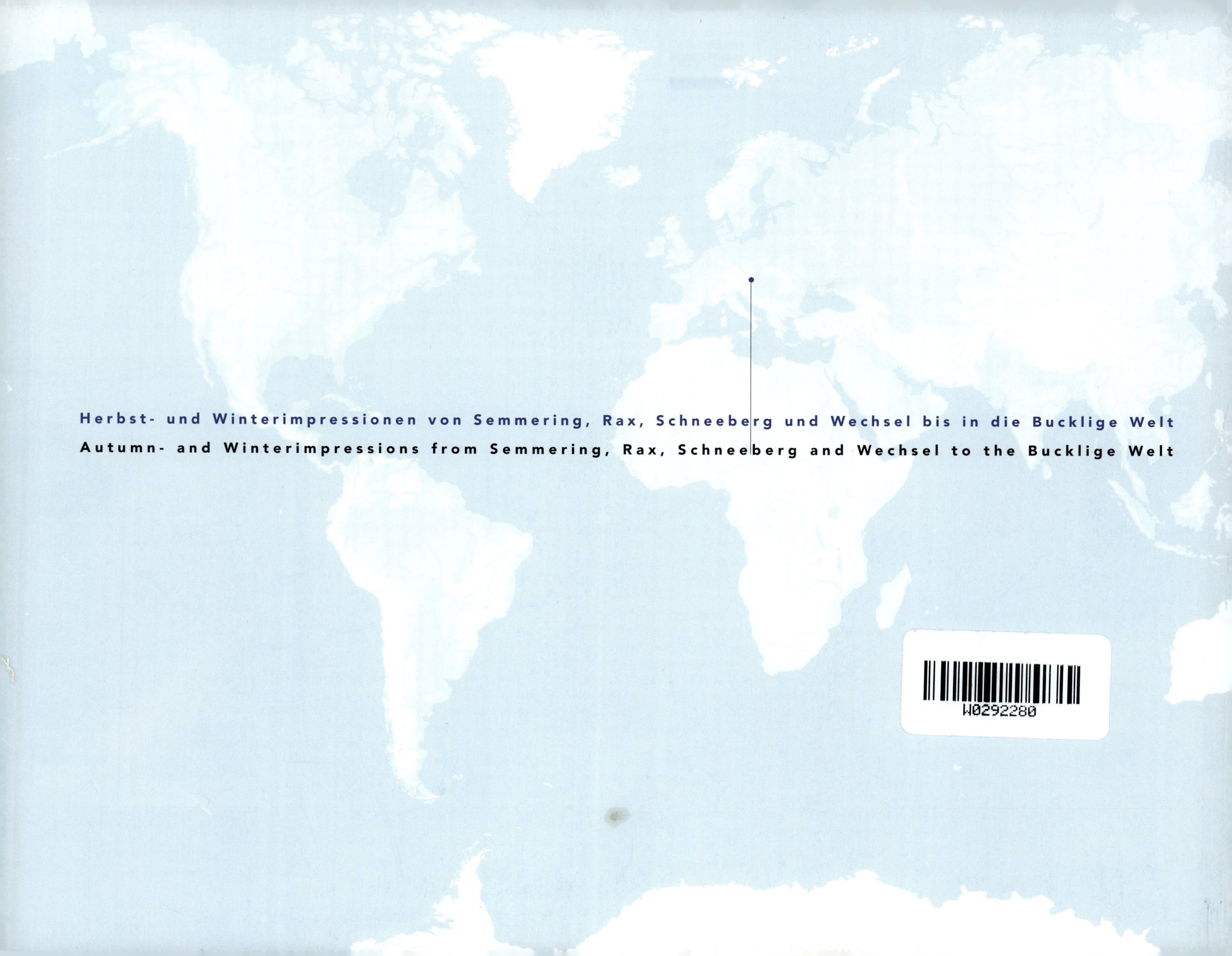

Herbst- und Winterimpressionen von Semmering, Rax, Schneeberg und Wechsel bis in die Bucklige Welt
Autumn- and Winterimpressions from Semmering, Rax, Schneeberg and Wechsel to the Bucklige Welt

Franz Zwickl · Wolfgang Hartl

Die Wunderwelt der Zauberberge

The Miraculous World of Magical Mountains

edition gutenberg

Texte: Christa Bergwald, René Harather, Wolfgang Hartl, Robert Pap und Franz Zwickl

Coverbild und Fotos*, Reproarbeit: Franz Zwickl
Grafik, Ausführung: ArtGraphic – Wolfgang Hartl, Marlies Kirchler
Texte: Christa Bergwald, Wolfgang Hartl, Franz Zwickl,
René Harather und Robert Pap
Übersetzung: Michael Schagerl
Lektorat: Johannes Waldherr, Andrew Smith
Druck: Grasl Druck & Neue Medien

*Weltatlas S. 1 von Geoatlas, Satellitenbild S. 2 mit freundlicher Zustimmung der Tourismusregion Niederösterreich Süd alpin, Portraits S. 158/159 Foto Irene, Christian Hersits

„Die Wunderwelt der Zauberberge"
Titel mit freundlicher Zustimmung von Dir. Erich Schabus, Tourismusregion Niederösterreich Süd alpin

2002 Franz Zwickl und Wolfgang Hartl
ISBN 3-900323-59-3

Cover photograph and photos, reprographics: Franz Zwickl*
Graphics, realisation: ArtGraphic – Wolfgang Hartl, Marlies Kirchler
Texts: Christa Bergwald, Wolfgang Hartl, Franz Zwickl,
René Harather and Robert Pap
Translation: Michael Schagerl
Proofreading: Johannes Waldherr, Andrew Smith
Printed by Grasl Druck & Neue Medien

**Worldmap p. 1 von Geoatlas, Satellitenbild p. 2 kindly approved by the Tourism Region Alpine Lower Austria South, portraits p. 158/159 Foto Irene, Christian Hersits*

"The Miraculous World of Magical Mountains"
Title kindly approved by Erich Schabus, Director
Tourism Region Alpine Lower Austria South

2002 Franz Zwickl and Wolfgang Hartl
ISBN 3-900323-59-3

Titelbild: Ein seltenes Panorama vom Semmering zu Rax und Schneeberg | *Title page: An unusual panorama of Rax and Schneeberg from Semmering*

Inhalt

Contents

Erst der Anfang

Merely the beginning

Ungefähr so sieht mir mein Spiegelbild entgegen, wenn ich morgens aus der Decke krabble. Zur selben Zeit ist Franz Zwickl schon wieder auf dem Heimweg, seine Kamera voller neuer Bilder, von denen er mir im Café erzählt.
„Zahlen, bitte!" – wir brauchen erst Ruhe nach dem Bild- und Wortsturm, doch dann haben wir noch viel vor. Gerade wurde eine neue Idee geboren: Dieses Buch könnte ein guter Anfang sein für eine Entdeckungsreise dorthin, wo Sie noch nicht gewesen sind, wo Sie eine andere Geschichte, einen neuen Gedanken erfahren.
Ich bin hier groß geworden, und wirklich wach um mich geschaut habe ich, als ich diese Bilder im Kopf hatte – und den Duft von Kaffee.

When I stare into the mirror first thing in the morning after leaving my cosy bed, this is an approximate image of myself. At the same time, Franz Zwickl is on his way home again. His camera is full of new pictures, which he tells me all about at the café.
"The bill, please!" – we have just turned them into a brand new idea. First, we need peace and quiet to digest this verbal and visual torrent, then we'll have plenty on our plates.
This book might be a good start. Someplace you have never been to. Another story, another thought.
I grew up here, however, I really just woke up with these vivid images in my head – and the irresistible smell of coffee.

Wolfgang Hartl

Sonnenaufgang auf der Heukuppe (Rax) Richtung Semmering | *Sunrise over Heukuppe (Rax) looking towards Semmering*

Auf und davon

Up, up and away

Mein Tag beginnt mit dem ersten Licht. Da fließen die Farben über die Landschaft und malen mir ein neues Bild. Ich gebe ihm einen Rahmen und nehme es mit nach Hause.
Es ist eigentlich nicht mein Bild – nur von mir gemacht.
Und jeder, der seine Augen offen hält, kann dieses Bild sehen.
Hier oder wo immer Licht ist. Und in diesem Buch.

My day begins with the first ray of light. Then colours flood the landscape and paint a new picture. I frame it and take it home with me.
Actually, though, it is not my own – just made by myself.
And such images are visible to anyone who keeps their eyes wide open. Here, or wherever there is light. And in this book.

Miami (Florida/USA) im Sonnenuntergang | *Miami (Florida/USA) at sunset*

Schloss Gloggnitz spiegelt sich in der Schwarza | *Gloggnitz Castle reflected in the Schwarza river*

Mit Ausblicken in die weite Welt beginnt die zweite Entdeckungsreise der beiden Autoren Franz Zwickl und Wolfgang Hartl in den Bergfrühling und den Sommer der kleinen und doch so vielgestaltigen Landschaft im südlichen Niederösterreich. Sie lässt in weiten Bildern die Wärme der Sommersonne spüren und faszinierende Berg- und Wolkenstimmungen erleben; taucht ein in die Welt des klaren Wassers, der Kostbarkeit aus den Bergen, erzählt vom Lebensraum Wald und von der Tierwelt. Die beiden Autoren, Christa Bergwald, Robert Pap und Georg Bauernfeind entdecken in Geschichten und Erinnerungen Baumwunder und geheimnisvolle, mystische Plätze, sie beschreiben das Bauernleben, die Welt der Almen und der Sommerwiesen. Berichte aus Vergangenheit und Gegenwart schildern den Bau der 1. Wiener Hochquellenwasserleitung, Bergerlebnisse, Sommerfrische, Gesundheit und führen am Ende zum Weltkulturerbe Semmeringbahn. Dieser Bildband ist kein Reiseführer, der die Landschaften nach Wert und Schönheit reiht, sondern eine Sammlung von persönlich Erlebtem, von Momentaufnahmen, in denen Farben, Licht und Schatten, Ruhe und Bewegung die Zeit bestimmen. Sie vermitteln Stimmungen und Eindrücke der Landschaft von Semmering, Rax, Schneeberg, von der Buckligen Welt und der Region Pittental-Hochwechsel, die uns bis jetzt geheimnisvoll vertraut und dann doch so faszinierend neu erscheinen. Es ist ein Buch, das zum Entdecken und zum Weiterträumen einlädt.
Dieser zweite Band der „Wunderwelt der Zauberberge" zu den Jahreszeiten Frühling und Sommer erscheint im Frühjahr 2003. Mehr Information auf www.ArtGraphic.at. Bestellungen per Mail: book@ArtGraphic.at, per Fax: 02663/85684 oder per Post bei: ArtGraphic, Auestraße 6, 2641 Gloggnitz. Erhältlich auch direkt bei den Tourismusbüros in Niederösterreich Süd und im Fachhandel.

Die Wunderwelt der Zauberberge

The Miraculous World of the Magic Mountains

Der 1. Bildband mit den 160 schönsten Seiten der Herbst- & Winterlandschaft in Niederösterreich Süd

von Franz Zwickl und Wolfgang Hartl

book@ArtGraphic.at

Die Wunderwelt der Zauberberge
The Miraculous World of the Magic Mountains
Der 2. Bildband mit den 160 schönsten Seiten der Frühlings- & Sommerlandschaft in Niederösterreich Süd
von Franz Zwickl und Wolfgang Hartl
book@ArtGraphic.at

Mit anderen Augen

Through different eyes

Unsere Augen sehen die Welt verkehrt. – Jedes Bild wird erst im Kopf so zurechtgerichtet, dass der Himmel oben und die Erde unten ist. Wenn diese Steine oben sind und das Wasser der Himmel ist, sieht alles ganz anders aus: viel leichter. Kinder, die einen Kopfstand machen, sehen das auch so. Viele der folgenden Bilder sind aus den ungewöhnlichsten Perspektiven entstanden – über den Wolken bis tief in der Erde.
So sieht die Welt mit anderen Augen aus.

Our eyes see the world upside down. – Only in your head is each picture manipulated in such a way that you perceive the sky as being above and the earth below. Now, if these rocks are above and the water is the sky, everything appears completely different: much lighter. Children making a headstand get precisely the same impression. Many of the following images were taken from the most unusual angles – high above the clouds and deep in the earth. This is the way the world looks seen through different eyes.

Irland | *Ireland*

Vereister Stein im Flussbett der Schwarza (Höllental) | *Icy rock in the Schwarza riverbed (Höllental)*

Große Frische
Huge Freshness

Manchmal ist es nicht zu fassen. Wir reisen tausende Kilometer, suchen die Naturschönheiten dieser Welt, und wenn wir sie endlich gefunden haben, zeigen sie uns den Rücken und ziehen wieder ab – wie hier das größte Säugetier der Welt.
Was dann daheim vor mir auftauchte, war kein Wal und doch so beeindruckend, dass mir das Maul dieser großen Frische den Mund offen stehen und den Atem gefrieren ließ. Und das Walmaul sah ich nur, weil ich dafür um die halbe Welt gereist war.

I simply could not grasp it. I had travelled half the world, spent long hours looking out for them, and at best they merely flashed their backs at me and dived out of sight again.
The image that surfaced at home was no whale, yet still so full of life it made my jaws drop, my mouth open wide with the immensity of this freshness and my freezing breath. And I saw the whale's mouth only because I had travelled half the world to do so.

Buckelwalbuckel an der Südküste Australiens | *Humpback whale on the south coast of Australia*

Letzte und höchste Schneewechte vor der Zahnradbahn-Bergstation auf dem Schneeberg | *The last and deepest snow drift in front of the mountain station of Schneeberg mountain railway*

Heißkalt

Hot and Cold

Diese Erde steckt voller Überraschungen. Heißes Wasser, das aus der Tiefe heraus explodiert, ist ein faszinierendes, aber bekanntes Spektakel. Schnee, der in den Himmel schießt, sah ich hier zum ersten Mal: auf dem Schneeberg, wo sich die Zahnradbahn im Frühling ihren Weg zur Bergstation bahnte. Wie ein kleines Wunder, wenn auch kein (über)natürliches.
Manches sieht man zum ersten-, manches nur einmal. Viele dieser besonderen Momente finden Sie in diesem Buch.

The earth is full of miracles. Steaming water erupting from the planet's unfathomable depths is a familiar spectacle. Snow shooting up into the sky I saw for the very first time: high up on Schneeberg every spring when the mountain railway persistently labours its way up to the summit. Just like a miracle – small, though not (super)natural.
Some things you see for the first time, others once only. Many of these special moments can be found in this book.

Größter Geysir Neuseelands, der Pohutu | *Pohutu, New Zealand's largest geyser*

Über die Berge

About the mountains

Lose Eiskristalle im schneidenden Wind, bizarre Schneewechten, Gemsen, ganz vom weißen Raureif überzogen. Spät stieg ich zur Heukuppe auf. Die Sonne ging früh unter und die Touristen waren schon mit der Seilbahn abgefahren. In solchen Stunden zieht sich der Himmel oben immer weiter zurück. Es wurde Zeit, in die Hütte einzukehren. Die Wirtin und ich waren allein, Strom hatten wir keinen.

Sonnenaufgang am 31. Dezember – welche Einsamkeit so nahe der belebten Städte, wieviel Raum ist hier, weil über dem Berg der Himmel liegt. In der Klarheit und Stille hinterlässt die kleinste Bewegung einen Abdruck. Zeit wird hier nur im Licht sichtbar, das langsam über die Schneefelder wandert. Es war ein gutes Jahr.

Oft bin ich schon auf der Heukuppe gewesen, zu jeder Jahreszeit, am Morgen, nachts und tags über. Ich glaube beinahe jeden Stein hier zu kennen, sehe fast jede Höhenschichtlinie auf der Landkarte vor mir. Und dennoch – jedes Mal, wenn ich hierher komme, erscheint mir alles anders. Wetter, Licht, die eigenen Gedanken lassen dieselbe Landschaft in immer neuen Blickwinkeln erscheinen. Es ist dann so, als ob ich gerade einen weißen Fleck auf der Landkarte entdeckt hätte – auch wenn dieser Fleck vor meiner „Haustüre" liegt, auch wenn ich glaube, gerade überhaupt keine Zeit dafür zu haben.

Wer hinter das Geheimnis der Landschaft kommen will, der findet die Lösung an jedem Ort entlang der verschneiten Wege. Nicht immer ist es etwas Greifbares, sondern oft eine Lebenseinstellung, die sich bald auf den (Be)Sucher überträgt. Eine Betrachtung aus der Ferne oder die Lektüre eines Reiseführers reicht da nicht aus, um in der Stille eines Wintermorgens einzukehren und zu schweigen, um durch rotbraune Erlenzweige in das Himmelsblau zu schauen, um die Zeit wahrzunehmen und zu erwarten und dem ganz eigenen Charakter jedes Landstriches der Region nachzugehen.

Wer erst einmal damit angefangen hat, sich auf diese Welt hier einzulassen, der erstaunlichen Vielfalt und Vielgestaltigkeit nachzuspüren, steht am Anfang einer spannenden Reise, auf der er immer wieder neue Schätze entdecken wird.

360°-Panorama im Sonnenaufgang auf der Heukuppe (Rax) | *360° panoramic sunrise view on Heukuppe (Rax)*

Loose ice crystals in the cutting and howling wind, bizarre snow drifts, chamois, covered in hoar frost. Very late I ascended to Heukuppe. The sun had set early and the tourists had already left in the last cable car. At times like these the sky up there recedes constantly. It was high time to disappear into the hut. The owner and I were on our own. Electricity, we had none.
Sunrise 31st December – tremendous solitude so close by the urban hurly burly, how much space is up here, for the sky is above the summit. The smallest move imprints on the clarity and tranquillity. Time only manifests itself in the light, which slowly wanders across the fields of snow. It was a good year.
Very often have I been up here on Heukuppe, by night, by day, at daybreak, at every season. I am led to believe I know each rock, each contour line on the map in front of me like the back of my hand. But still, each time I am up here, everything appears different to me. Weather, light, my mind observes the same scenery at new and varying angles. It is then I am convinced I have just discovered a blind spot on the map – even if this spot is right in front of my home, even if I am led to believe there is absolutely no time for that. Whoever intends to solve the secret of the landscape will find the solution in each spot along the snow-covered paths.
Quite often is it an attitude to life that soon fills the visiting beholder on his quest rather than something tangible. Viewing it from afar through binoculars or browsing through a travel guidebook simply will not suffice to contemplate the quiet of a winter morning, to glance at the heavenly blue through red-brown boughs of the alders, or to perceive and to expect time and to trace each regional landscape's very own features.
Once you have started to become engaged in this microcosm, to investigate this astounding diversity and complexity of shapes, you are but at the beginning of a thrilling journey to unveiling new and unique treasures.

Rax-Skyline | *Rax skyline*

Oberes Schwarzatal umrahmt von Rax, Mittagsstein und Schneeberg | *The upper Schwarza valley framed by Rax, Mittagsstein and Schneeberg*

Die Zauberberge Semmering, Rax und Schneeberg, Einstieg in die Welt der Alpen und Geburtsstätte der Sommerfrische, sind heute nicht nur ein Naherholungsgebiet für den Großraum Wien und beliebtes Urlaubsziel, sondern ein Teil davon ist auch UNESCO-Welterbe der Menschheit.

The backdrop of the enchanting world of the magic mountains – the window to the realm of the Alps, Semmering, Rax and Schneeberg, the cradle of tourism, serves as a popular recreational area and getaway for greater Vienna as well as a UNESCO World Heritage Site.

Näher & spürbarer
Closer and more tangible

... ist das Wetter im Bergland, anders als in der Ebene, und vielfältiger: Auf kleinstem Raum trifft man auf pannonisches, mitteleuropäisches und alpines Klima. Die Sonne scheint hier, auch wenn über dem Wiener Becken dichter Nebel oder Schnee- und Regenwolken liegen. An klaren Tagen ist das Licht heller und strahlender als anderswo.

Milder, sanfter, aber auch gewaltiger ist das Wetter hier: mit seinen berüchtigten „Fallwinden" auf dem Wechsel, mit heftigen Gewittern und Wetterstürzen, mit Vermurungen, Windbrüchen und Überschwemmungen, Schneestürmen und Lawinen. Die Jahreszeiten sind stärker unterschieden, die Sommer kürzer. Auf der Rax herrscht fast ein halbes Jahr hindurch Winter. Das raue Klima hat den Menschen seit jeher zu schaffen gemacht und in Namen wie „Schneeberg", „Donnerkogel", „Kalte Rinne", „Schauerstein" und „Wetterkogel" seinen Niederschlag gefunden. Vom Wetter war die Existenz der Menschen abhängig, die hier hauptsächlich von der Landwirtschaft lebten.

Kein Wunder, dass die zeitweise Unbezähmbarkeit der Witterung mit Geistern und Hexen in Verbindung gebracht wurde: Auf der Rax, die die Wetter braut, soll die böse Raxhexe in den Felsen gesessen und ihr Unheil gesponnen haben; Gewitter und Felsstürze auf dem Schneeberg wurden dem Zorn von Zwergen zugeschrieben; in mondhellen Nächten verließ König Otter sein unterirdisches Reich und zog in der wilden Jagd mit Sturmgebraus vom Otter zum Sonnwendstein.

Erschließung und Bändigung durch Technik, Wirtschaft und Tourismus haben die Angst vor der Natur genommen, ihre Eigenart und Gewaltigkeit ist aber auch heute spürbar und setzt feste Schranken – für Sommer und Winter, für Tag und Nacht. Das Jahr erhält hier so seine Bedeutung. Es geht alles seinen Gang.

Links: „Wasserzieher" am Höllentaleingang; rechts: zehn Minuten später | *Left: "water puller" at the gate of the Höllental; right: ten minutes later*

... and far more changeable is the weather up here in the mountainous region compared to the flatlands: a microcosm which features temperate Pannonian central European and alpine climates. Up here the sun shines brightly when dense fog or dark rain clouds choke the Vienna Basin. On clear days the light is brighter and more radiant than elsewhere.

The local weather patterns are milder, softer yet far more powerful: notorious katabatic winds along Wechsel, tremendous thunderstorms and rapid weather changes, landslides, floods, snow storms and avalanches.

The change of the seasons is much more prominent, the summers are shorter. For almost half the year, Rax is clad in winter. Throughout time the rough climate has challenged the inhabitants of this region, and been expressed in names such as "Schneeberg", "Donnerkogel", "Kalte Rinne", "Schauerstein" and "Wetterkogel". The weather has always been the most crucial parameter in human habitation and in the existence of the locals, who mainly live from agriculture.

It is thus no wonder that witches and malicious supernatural powers have been closely associated with the intricate and untameable nature of the weather. The wicked Rax witch was reported to inhabit the sheer cliffs of Rax, where she brewed up all kinds of inclement weather patterns; thunderstorms and rock slides on Schneeberg were attributed to the wrath of gnomes and trolls; on moonlit nights King Otter left his subterranean realm and headed a furious hunt from the Otter to the Sonnwendstein mountains. Fear of nature has gradually waned through technology, economy and tourism and their respective development and impact on the area. Nature's peculiarity and powerful presence, though, are ever present still and set immovable boundaries – for summer and winter, for day and night. This is how a year receives its intricate meaning. Everything runs in its predetermined course.

Seite 24/25: Herbstpanorama über dem Schloss Wartenstein mit Kreuzberg und Rax | *Page 24/25: autumnal vistas from Wartenstein Castle to Kreuzberg and Rax*
Seite 26/27: Blick vom Himmelreich (wirklich!) auf Sonnwendstein, Semmeringebiet und Rax – vorne rechts die zweitlängste Spannbrücke der Welt über Schottwien
Page 26/27: View from "Heaven's Realm" (true!) to Sonnwendstein, Semmering and Rax as a backdrop to the world's second longest prestressed concrete bridge over Schottwien (foreground right)

Erdfarben

Earth colours

Stiller Herbst – wenn sich die Morgennebel auflösen, sind die Tage voll unwirklichen Lichts. Lärchen und Laubhölzer spielen in allen Farben vom Rot bis ins Gelb und Dunkelbraun und Lichtgrün. Die weißen Felsen von Rax und Schneeberg leuchten zwischen schwarzgrünen Föhren. Gelbes Unkraut, lila Herbstzeitlosen und blaue Falter sind auf den Wiesen, und in den Wäldern auf dem Semmering blühen jetzt die Zyklamen. Bis ins Gras herunter hängen die Obstbäume voll von Äpfeln, weiter weg steigt blauvioletter Rauch auf. Man riecht die Erde. Bald ziehen die Nebel über den Semmering herüber und bleiben wie weiße Seen in den Tälern liegen, spannen Fäden zwischen den Ästen und im Moos und geben einem das Gefühl, eingefangen und seltsam geborgen zu sein. Krähen sammeln sich über den Wiesen.

Oben über den Höhen ist der Himmel klar, die rotbraunen Wiesen und Almen liegen still und zum Greifen nah in der warmen Herbstsonne. Auf den Gipfeln leuchtet schon der erste Herbstschnee. Wenn man an solchen Tagen mit offenen Augen durch diese Welt geht, kann man nie ganz kurzsichtig werden.

Peaceful autumn – when the early morning fogs dissolve, the days are full of unreal, of diffuse light. Larches and deciduous trees glisten in a wide variety of colours, from glowing red to yellow and hues of dark brown and light green. The white rocks of the Rax and the Schneeberg shine through black green firs. Yellow weeds, purple meadow saffron and blue butterflies dance and sway across the meadow, and in the woods of the Semmering the alpine violets are in full bloom. The boughs of trees laden with juicy apples dangle down into the grass, farther in the distance light blue smoke billows into the sky. You can smell the earth. Soon the mists will flow across the Semmering and fill the valleys like gigantic lakes of white, weave threads in branches and in moss, and spread a feeling inside you of being trapped yet mysteriously safe. Crows gather above the meads. High above the summits the sky is clear, the ochre meadows and alpine pastures lie still and within easy reach in the warm autumnal sun. The first snow already glistens from the highest peaks. Roaming this world with open eyes on days like these you simply cannot turn short sighted.

Seite 28–31: Herbstpanoramen in der Buckligen Welt | *Page 28–31: autumnal panorama in Bucklige Welt*

Früher haben wir um diese Zeit in den Mischwäldern Laub gerecht. Wir brauchten es zum Einstreuen in den Stall. So halfen wir Kinder, das Laub auf den Anhänger aufzuladen. Das war die herrliche Zeit der Sprünge und Rutschpartien in riesige, raschelnde Laubberge, in denen wir dann – manchmal mit blutig geschlagenen Nasen – weich versanken und den Geruch der trockenen Blätter einatmeten.

In the old days we used to rake together the fallen leaves and spread them in our stables. This is how we children chipped in to hoist the foliage onto the trailer. This was the unforgettable and carefree time of diving and sliding into gigantic, rustling heaps of leaves where we softly sank and gently disappeared – occasionally with bleeding noses – into the dark and soaked up the unique smell of dry leaves.

Wasserleitungsweg an der Schwarza im Höllental | *Track alongside the Schwarza River in Höllental*

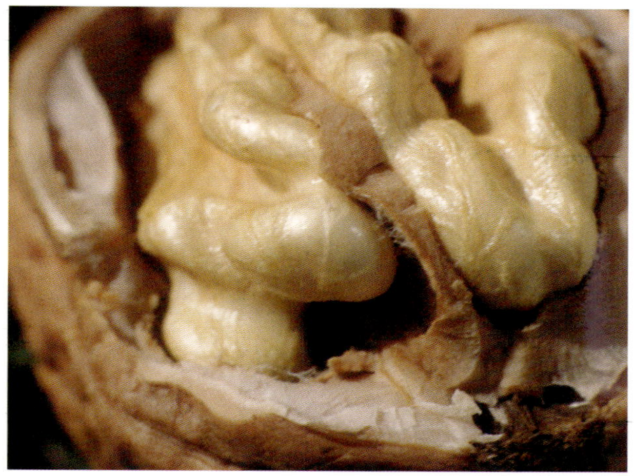

Manche Tage sind noch warm, die Nächte haben schon Frost. Das sind die ersten Spuren von Dunkelheit und Kälte. Jetzt beginnt alles, sich in die Erde zurückzuziehen, bis der Winter mit seinem Eis da ist.

A few days are still warm, the nights bring frost already. These are the first messengers of darkness and cold. Now, everything begins to hide away and retract into the ground until the ice of winter arrives.

Obstmostpressen in Prigglitz | *Pressing apples to make must in Prigglitz*

Buchbach bei Ternitz | *Buchbach near Ternitz*

Holzriesen

Tree giants

Die einst unerschöpflichen Wälder dieses Berglandes waren die wichtigste Energiequelle für die Menschen. Aus Holz baute man Unterkünfte und Häuser, Holz gab wärmendes Feuer, Holz und Holzkohle waren bis ins beginnende 20. Jahrhundert das unverzichtbare Brennmaterial für die Verhüttung der Erze, für die Hammerwerke, Hochöfen und Schmiedewerkstätten. Holz war und ist Rohstoff für die Papierindustrie.

The once inexhaustible woods of these mountainous regions used to be the most important source of energy for the local people. Timber was used to construct cabins and houses, wood nourished the warming fire, up to the beginning 20th century wood and charcoal was an invaluable fuel for the smelting of iron ore, for blast furnaces, for hammer and forge mills. Wood was and still is the raw material used by the paper mill.

„... geschrieben in den Wäldern ringsumher." [1]

"... written in the woods around here." [1]

Wir haben heutzutage kaum noch eine Vorstellung von den Schwierigkeiten früherer Zeiten, Städte, Industrie und Gewerbe mit Holz zu versorgen. Es musste in teilweise schwer zugänglichen Forsten geschlägert, durch Schwemme und Trift auf Flüssen und Kanälen, mit Schlitten und Fuhrwerken herangeschafft werden. Mühsam und gefährlich war die Arbeit der Holzknechte, Trauerbilder und Marterln in Wäldern und an Wegen erzählen davon.

Im Rax-Schneeberggebiet leisteten die Brüder Huebmer mit den Naßwalder Holzknechten im 18. und 19. Jahrhundert Pionierarbeit. Sie waren aus dem Salzburgischen ins Höllental gekommen, immer wieder verfolgt wegen ihres evangelischen Glaubens. In Naßwald haben sie sich und ihren Familien ein Zuhause geschaffen. Sie bezähmten die Urwälder des Höllentales mit ihren Baumriesen und Felsblöcken, um die Schwarza für die Holzschwemme zu nutzen. Mit einfachsten Werkzeugen bauten sie in schwindelnder Höhe Holzriesen, auf denen die Stämme aus dem Felsgelände ins Tal rasten. Auf der Rax wurde das geschlägerte Holz mit einer Art „Eisenbahn" auf Holzschienen befördert, um es dann über die steilen Felswände hinabzuwerfen.

Ein Museum in der Holzknechthütte in Naßwald erinnert heute noch an die Arbeit der Holzknechte und des „Raxkönigs" Georg Huebmer.

[1] Aus der Inschrift am Grab von Georg Huebmer, Naßwald

It is barely fathomable today how difficult it must have been to provide towns, industries, and businesses with wood. It was lumbered inaccessible forests, floated down rivers and canals, logged down on sleighs and horse drawn carts. A lumberjack's job was tedious and hazardous, innumerable wayside images and statues in woods and along trails narrate their hardships.

In the 18th and 19th centuries the Huebmer brothers – in close co-operation with the Nasswald lumberjacks – pioneered the timber industry in the Rax-Schneeberg area. Religious persecution drove them from Salzburg into Höllental. Together with their families they settled in Nasswald and built themselves homes with axes and saws. They tamed Höllental's primeval forests with its tree giants and gigantic boulders in order to use the Schwarza river for floating timber. With the simplest tools they erected monstrous slides to get the huge trunks out of the rocky forests – the timber shot down the chutes into the valley. On the Rax the timber was heaved out of the river onto little carts on wooden rails only to drop it down the sheer cliff faces.

A museum inside the lumberjack hut features the invaluable work of the timber men and "Rax King" Georg Huebmer.

[1] From the inscription on Georg Huebmer's tomb, Nasswald

Holzbruch in einer Klause im Höllental | *Cracked timber in a steep canyon in the Höllental*

Rezept
Recipe

Um nicht in Vergessenheit zu geraten, wird die alte Tradition, das Zubereiten des Holzknecht-Sterzes, heute noch in Naßwald gepflegt.
Hier das Rezept: Doppelgriffiges Weizenmehl salzen, mit kochendem Wasser abbrennen, in heißes Schmalz oder Öl geben und fest durchrühren.

In order to prevent it from falling into oblivion, the old tradition of preparing of the lumberjacks' "sterz" is still kept alive today in Nasswald.
And here is the recipe: salt wheat flour, sprinkle it with boiling water, put it into hot fat or oil and stir firmly.

Schwemmtunnel am Wallfahrtsweg nach Maria Zell bei Schwarzau im Gebirge | *Floater tunnel along the pilgrim's way to Mariazell near Schwarzau im Gebirge*

Der erste Tunnel Europas

Europe's first tunnel

… welcher von beiden Seiten gleichzeitig gebaut wurde: Dieser 450 m lange Schwemmtunnel sollte die Holzbringung durch den Berg ermöglichen.
„Fünf Jahre arbeitete er rastlos an seinem Werke, durch kein Hinderniß mehr zurückgeschreckt. Vom August 1822 bis Mai 1827 arbeiteten Tag und Nacht 6 Bergleute, und ebenso viele Tagelöhner bei dem Ausräumen. Über 4000 Pfund Pulver wurden verbraucht …" (A. Schmidl 1831, S. 236). Georg Huebmer musste das geschlägerte Holz aus dem riesigen steirischen Forstgebiet des Neuwaldes jenseits der 1143 m hohen Wasserscheide, dem Gschaidl, ins Höllental bringen. So gruben er und seine Holzknechte mit unvorstellbarem Erfindergeist und Einsatz einen Tunnel durch die Wasserscheide. Eine höherliegende Quelle der stillen Mürz wurde dann von der steirischen Seite in einer Wasserriese durch den Stollen geführt. In dieser konnte nun das Holz, über eigens gebaute Wasserkanäle herangebracht, geschwemmt werden. Voll Bewunderung besichtigte Schmidl 1831 den geräumigen Stollen, „der gerade durch den Berg geführt ist, so dass man das jenseitige Tageslicht erblickt und durch welchen nun die Wasserriese herausgeleitet ist … Neben der Riese ist ein Bretterweg gelegt, dass man bequem hindurchgehen kann, die Höhe beträgt an mancher Stelle bei zwei Klaftern (= 3,80 Meter)." (A. Schmidl 1831, S. 228f.)
Später wurde unterhalb dieses Tunnels, der jetzt verschüttet ist, ein zweiter, etwas längerer, gebaut. Dieser ist von der steirischen Seite her zum Großteil bis heute zugänglich, auch die morschen Reste der Verzimmerung sind noch zu sehen.

… to be built simultaneously from both sides of the mountain. This floater tunnel was meant to facilitate timber transportation through the mountain rather than over it. The digging was done in winter only, the summer was dedicated to logging. "It took him five years of straight work to finish his masterpiece, no obstacle to put him off. From August 1822 to May 1827 six miners toiled day and night, and an equal amount of work hands removed the debris. More than 4,000 lbs. of gunpowder was used …" (A. Schmidl 1831, p. 236). Georg Huebmer had to transport the logged timber from the gigantic forest of Neuwald on the western side of the 1,143 m high Gschaidl, a watershed, into Höllental. Thus he and his companions dug a tunnel through the watershed with incredible cunning and perseverance. A tributary spring of the silent Mürz on the Styrian side of the mountain was deviated into the shaft through a wooden channel. Timber could thus be floated through these wooden channels. In 1831, full of amazement, Schmidl inspected the spacious tunnel "which had been driven through the rock so straight that you could see the daylight at the other end of the tunnel… A wooden boardwalk follows the channel, which enables anybody to walk through comfortably. The height of the tunnel amounts to 3.80 m in several spots." (A. Schmidl 1831, p. 228 et seq.).
In the years thereafter, a second tunnel – a slightly longer one – was drilled through the mountain just below the original, which had collapsed in the meantime. The new one is still accessible from the Styrian side, even the worn out ruins of the wooden shaft framework can still be seen today.

Spurensucher

Trail seekers

… werden in dieser Gegend viel Seltsames und Geheimnisvolles entdecken. Das Land ist hier voller Geschichte und Geschichten – man spürt es, auch wenn das Gras dort, wo man hintritt, weiterwächst.

Römische Silberdenare hat man im Hochwald bei Witzelsberg an der ehemaligen römischen „Hochstraße" gefunden. Der Lebensraum hier war eingesponnen in ein Netz von uralten Straßen und Wegen, und überall findet man Reste ihrer Trassen – von der antiken Hartbergstraße über die Almen des Wechsels; vom mittelalterlichen Weinweg über Neunkirchen, die Rams und den Pfaffensattel; Spuren vom uralten Saumweg über den Semmeringpass, der bereits im Mittelalter als internationaler Handelsweg die Verbindung nach Venedig herstellte; seit der Antike waren die Wege durch das Schwarzatal über das Preiner Gscheid und über Puchberg und die Mamauwiese in die Steiermark bekannt, bereist von Händlern und Soldaten, von Missionaren und Pilgern. Häute, Salz, Wein, Eisen und Gewürze wurden auf den Pfaden mit Tragtieren, später mit Wagen und Fuhrwerken durch unwegsame Wälder, Schnee und Eis, über Steilhänge und durch Schluchten transportiert.

Die Orte an diesen Wegen profitierten in friedlichen Zeiten davon, so z. B. Schottwien mit seinen Mautprivilegien, Gasthöfen und der Poststation. In den hintersten Tälern erinnern alte Wirtshäuser daran, dass hier in vergangenen Zeiten ein ganz anderes Leben geherrscht hat als heute.

Geheimnisvolle und seltsame „Entwege" gibt es hier. Vielleicht stammen sie aus der Römerzeit; bis heute weiß niemand genau, wozu sie wirklich dienten. Sie folgen immer genau den Höhenschichtlinien der Berghänge, auch mit gewaltigen Umwegen und fast ohne Steigung. In der Gegend zwischen dem Schwarza- und Pittental misst das Wegsystem 100 km Länge. Manche Trassen sind heute noch als Grenzwege und Forststraßen in Verwendung, andere nur noch als Bodenwellen sichtbar.

Wie Adlerhorste, schier uneinnehmbar und beherrschend stehen die Burgen hier auf Felsen und freien Anhöhen. Einige liegen da wie ehedem, viele sind verfallen, von Hecken und Gebüsch überwachsen. Von manchen erzählt man, dass sie zeitweise als feenhafte Schlösser auftauchen, um dann wieder zu verschwinden. Geheimnisvolle Schätze sollen dort verborgen sein.

Fast alle im 11. und 12. Jahrhundert erbaut, dienten die Burgen der Sicherung und Kontrolle der Wege, die man mit Mautgebühren belegen und jederzeit sperren konnte. Die Straße von Kirchberg über den Ramssattel nach Gloggnitz führt noch heute durch zwei Tore der Burg Kranichberg. Mit ihren mächtigen Ringmauern, Gräben, Schießscharten und Zugbrücken waren die Befestigungen auch Zufluchtsorte für die Bevölkerung des Grenzraumes. Die Wirrnisse der Geschichte brachten immer wieder Einfälle und Verwüstungen durch Awaren, Mongolen, Türken und Kuruzzen. Ganze Ketten von Burgen bildeten einen Befestigungsgürtel, von ihnen aus konnte jeder Feuerschein, jede Staubfahne rechtzeitig erspäht werden. Geschichten berichten von erfolgreichem Widerstand, bei dem die Feinde in die Flucht geschlagen, mit den letzten, aus Münzen geformten Gewehrkugeln erschossen, lebendig vor den Burgmauern begraben oder überlistet wurden.

Sagen mit vielen Körnchen Wahrheit erzählen auch von grausamen Burgherren, die die Bauern, welche Robot, Zehent und Abgaben zu leisten hatten, unterdrückten und quälten: der Raubritter von Schrattenstein, der geizige Graf von Gutenbrunn, der schließlich vom Teufel geholt wurde, und der letzte Burgherr von Grimmenstein, den der Blitz erschlagen hat. Die vernichtete Burg sinkt jedes Jahr um die Länge eines Haferkornes ins Tal. Wenn sie unten angelangt ist, soll der Jüngste Tag kommen.

Brunnen, Backöfen und Kornspeicher findet man heute noch in manchen Wehrkirchen, die die Bucklige Welt wie ein Festungssystem durchziehen. In den unsicheren Zeiten lebten die Menschen in ständiger Angst vor neuen Bedrohungen. Da war es notwendig, auch die Kirchen als Zufluchtsorte zu befestigen. Viele von ihnen wurden um 1500 auf strategisch günstigen Hügeln und Aussichtspunkten errichtet oder ausgebaut. Darunter ducken sich die Häuser der Dörfer.

Versehen mit starken Mauern, massigen Türmen, Schießscharten, Pechnasen und Wehrgängen, mit Grabenanlagen und Erdwällen hielten die Wehrkirchen so manche Attacke auf. An Kirchentoren sind heute noch die Scharten der Säbelhiebe der Feinde zu sehen, die man mit viel Mut in die Flucht schlug.

Sogar der Teufel soll am Bau mancher Kirche beteiligt gewesen sein. Er schleppte das Baumaterial für die St. Wolfgang-Kirche in Kirchberg am Wechsel herbei und verlangte als Lohn die Seele des ersten Pilgers. Dieser war jedoch ein Ziegenbock, den die Leute in die Kirche trieben.

Geschichten voller Wunder gibt es über die Gründung und Erbauung der vielen uralten Kirchen und Kapellen, die man auf Wanderungen und Fahrten auf den Bergen und in den Dörfern findet – versteckte Schätze, teilweise noch in ursprünglicher Form erhalten, wie die Felsenkapelle in Pitten mit Fresken aus dem 11. Jahrhundert, die romanische Rundkirche in Scheiblingkirchen mit Kreuzrippengewölbe, die Wallfahrtskirchen Maria Schutz, im 18. Jahrhundert beim wundertätigen „Heilig Bründl" erbaut, St. Corona und Maria Schnee. Die Gründungslegende der weithin auf dem Berg sichtbaren Kirche berichtet von einem armen Holzknecht, der einem Schneesturm nur mit Hilfe der Hl. Maria entkommen konnte.

Viele der Sagen und Geschichten erzählt man bis heute – und so manche enthält auch ein Stück Geschichte.

... will discover a multitude of strange and mystical phenomena in this area. The countryside around here is ancient and full of history and stories – you can sense it, even though the grass you tread on keeps on growing.
Roman silver dinars were found in the high forest near Witzelsberg, along the former Roman "high road". Our living space here used to be criss-crossed by a complex network of ancient trails and roads, and once in a while some parts of their foundations are unearthed – such as parts of the ancient Hartberg road across the alpine paddocks of Wechsel; of the medieval wine trail through Neunkirchen, across Rams and Pfaffensattel; bits and pieces of the ancient horse trail across Semmering Pass, which served as a medieval trading route to Venice. Since ancient times the numerous trails through the valley of the Schwarza, across Preiner Gschaid and via Puchberg, and across Mamau meadow into Styria have been well known and were travelled by tradesmen, soldiers, missionaries and pilgrims. Skins, salt, wine, iron and spices were transported on the backs of mules, and in more recent times, on carts through the inhospitable woods, snow and ice, across cliffs and through ravines.
In times of peace the villages along these trails benefited to a great extent, like Schottwien, with its toll system, guesthouses and post station. In the most distant valleys old inns are mutant reminders of the busy days of the past.
Secret and strange paths precisely follow the contours of the mountains. Sometimes they turn out to be a great detour, but their gradient is hardly perceptible. What purpose they served, nobody knows. Maybe they date back to the Romans. In the region between the Schwarza and the Pitten valleys, the trail network amounts to 100 km. Some remnants are still visible and in use today (border trails and timber trails), others have been eroded to mere humps in the ground.

Just like eagles' nests, tall and proud, the castles stand high above the valleys beneath, defying all attempts to conquer them. Some still stand as if time had not touched them, many others, however, have fallen victim to decay over time and have been smothered by hedges and bushes. Some castles locals report to have observed appear as glorious fairy castles only to vanish the next moment. Secret treasures are said to lie there.
Almost all of them were built in the 11th and 12th centuries to secure and control the numerous trails and main trading routes, which could be tolled and blocked off any time. The connecting road from Gloggnitz to Kirchberg still runs through two gates of Kranichberg castle. With all their powerful walls and chain bridges, the castles offered protection to the people of the border regions. Through the course of history, a multitude of attacks by warring hordes and armies of the east and the west swept across the country. Those high observation points fulfilled sentinel functions whenever conflicts loomed and news of them had to be spread. Tales of successful defence and counterattacks in which enemies were driven off the land, killed by bullets (made from coins), buried alive at the foot of the walls or tricked and deceived.
Tales with many a grain of truth feature cruel lords who suppressed their peasants through unbearable taxes and tolls: the robbing knight of Schrattenstein, the stingy count of Gutenbrunn (who the devil finally got his hands on), and the last lord of Grimmenstein castle, who was struck dead by lightning. The destroyed castle slides downhill by the size of one grain of corn. Once it reaches the valley, Doomsday is upon us.
Wells, baking ovens and corn stores still can be found in various protective churches, which are scattered all across Bucklige Welt, and thus form a defence system. In the days of frequent enemy attacks, people lived in constant fear of yet more cruelties, and churches were therefore built to serve as places of protection. Many were erected or extended around 1500 on strategic hills and observation points. Around them the houses of the villagers were built.
Similarly structured and built as castles, strong walls, massive tarots, unbridgeable trenches and earth walls, those churches defied a good many enemy attacks. Various gates still show the gashes made by the swords of enemies who were defeated with great courage.
Even the devil himself is said to have contributed to the construction of some of the churches. He lugged the building material up the steep hill for St. Wolfgang's Chapel in Kirchberg and demanded in return the soul of the first pilgrim. The cunning locals tricked the devil by first sending a goat into the chapel.
Many a story tells about the foundation and building of old churches and chapels, which can be seen on hikes or drives through the mountains and villages of the region – hidden treasures, partly still surviving in their original form, such as the rock chapel in Pitten with its original 11th century wall paintings, the Romanesque circular church in Scheiblingkirchen with its ribbed vaults, the pilgrims' church of Maria Schutz built in the 18th century by the mysterious "Heilig Bründl", St. Corona and Maria Schnee. Legend has it that the Blessed Mary saved a lumberjack from a horrifying snow storm. Many of the tales are still being told today – and some of them do contain a grain of history.

Seite 50/51: Wehrkirche in Bad Schönau und Schloss Krumbach in der Buckligen Welt | *Page 50/51: fortified church in Bad Schönau and Krumbach Castle, Bucklige Welt*

Schloss und Stadt Gloggnitz | *Castle and town of Gloggnitz*

„Die Nebel, die das Tal verdüstern ziehn sich zu jenen Felsenwänden: Sie werden dort als Quellen flüstern, und Segnung in die Täler senden." (Ernst von Feuchtersleben: aus dem Gedicht „Metamorphose", Gloggnitz 1834.)
Die Klöster Gloggnitz, Reichenau und Kirchberg waren mit ihren Grundherrschaften Ausgangspunkte und Zentren der Zivilisation, Vermittler von Kultur und wirtschaftlichem Fortschritt. Manche legte man als Klosterburgen an. So das um 1100 gegründete Kloster Gloggnitz, das bis heute als wehrhaftes Schloss auf der Anhöhe liegt, von einer Ringmauer umgeben, mit Türmen, Pechnase und Schießscharten.

"The mists are fogging up the vale and gather round those rock walls: there they will whisper down as springs and spread a blessing over the vales." (Ernst von Feuchtersleben: „Metamorphose", Gloggnitz 1834.)
The monasteries Gloggnitz, Reichenau and Kirchberg am Wechsel with all their properties used to be centres of civilisation, culture and innovative economic progress. Some were set up as fortified castles. Gloggnitz monastery was founded around 1100 and still sits high above the town as a defiant testimony to the old days with its fortifications.

Turmfalken in der Schlosskirche Gloggnitz | *Kestrels at Gloggnitz Castle*

Eine romantische Ruine: der Türkensturz im Naturpark Seebenstein | *Romantic ruins: "Türkensturz" in Seebenstein nature park*

An einem sonnigen Herbstmorgen

One sunny morning in autumn

Auf der Südautobahn in Richtung Wechsel taucht bald hinter der Burg Seebenstein über den bunten Wäldern der Türkensturz auf – zum Greifen nahe mit seinen in der sanften Hügellandschaft völlig unerwarteten schroffen Kalkfelsen. Viele Geschichten spinnen sich um die steil aufsteigende Felswand. Man erzählt von einem weiten Meer, das einst die ganze Gegend überflutet habe. Nur die Felsen ragten heraus. Die Ringe, an denen die Schiffe befestigt wurden, stecken angeblich heute noch in der Wand des Türkensturzes.

1532 sollen Türken, die einst die Gegend brandschatzten, von den Bauern in Richtung Felsenwand gedrängt worden und hinabgestürzt sein. Die verfallenen Mauern auf den Felsen waren 1825/26 unter Fürst Johann von Liechtenstein als künstliche Ruine mit einem vergoldeten Halbmond errichtet worden „zum Schmuck der Landschaft und um Arbeitslosen Beschäftigung zu geben."

Die Region Pittental-Hochwechsel birgt viel Geheimnisvolles. Immerzu trifft man auf alte Wege, Kirchen und Reste von Burgen. Das Bergland mit seinen stillen Wäldern steigt vom Pittental an bis zu den weiten, baumlosen Schwaigen des Wechsels. Der langgezogene Bergrücken ist eine Welt für sich. Wasser und Wetterstürme haben Grate abgetragen und sanfte Kuppen geformt. Kurzes Heidekraut, isländisches Moos und Flechten auf vereinzelten, geduckten Wetterfichten wachsen entlang der uralten Wege, alle mit grandioser Fernsicht.

Driving along the south motorway towards the Wechsel mountains, shortly after Seebenstein Castle, one can spot the "Türkensturz", perched high on a limestone outcrop, amidst an undulating countryside clad in an endless cloak of colourful foliage. Many tales and stories are woven round this steep limestone cliff. A wide sea is said to have covered vast parts of the surrounding countryside. Only these cliffs remained uncovered. The mooring hooks were apparently driven into the rock and are still visible today.

In 1532 Turkish warriors were rampaging through and devastating the region. Courageous farmers reportedly drove them off the edge of the cliff face. Earl Johann von Liechtenstein erected the ruins on the edge of the rock in 1825/26 as an artificial "embellishment of the landscape and to give work to the unemployed".

The Pitten valley / Hochwechsel region harbours many secrets. Old trails, churches and remains of castles densely dot the area. Vast tranquil forests ascend from the Pitten valley up to the treeless ridges of the Wechsel mountains. The long ridges of Wechsel boast a very special microclimate and have thus formed a world of their own. Precipitation and rough weather have eroded sharp edges and turned them into soft crests. The short-stemmed heather, Icelandic moss and other forms of low vegetation grow on isolated, crippled weather firs along the ancient trails, all offering spectacular vistas over the region.

Ternitz und der Petersberg | *Ternitz with Petersberg*

Abendrot

The red of the evening

Der Petersberg – mehr Hügel als Berg überragt er dennoch die Ebene des Schwarzatals – galt schon den Menschen der Jungsteinzeit vor mehr als 4.500 Jahren als ideal gelegener Siedlungsplatz. Die Ausgrabungen rund um die Peterskirche legten neben archäologischen Relikten auch die mythenumrankte Geschichte des Berges frei. Das Gebiet war über Jahrhunderte umfehdete Grenzregion. Die Überreste des „Festen Hauses" des Geschlechts der Dunkelsteiner sind heute ausgegraben, die Burg, laut einer Sage wegen der Hartherzigkeit der Besitzer einst versunken, ist wieder entdeckt.
Die Geschichte der kleinen Kirche reicht ebenfalls bis weit in das Mittelalter zurück. Ein Brand zerstörte 1872 den ursprünglichen Zwiebelturm. Der Landschaftsmaler Franz Xaver Embel hat ihn noch gesehen, denn er unternahm um 1800 mehrere Reisen in dieses Gebiet, die er in Vorläufern der ersten Reiseführer publizierte. Bei Sonnenuntergang, den er begeistert beschreibt, stand er gerade am Petersberg. Wenig später traf er auf einige Häuser, die man ihm „Ternitz" nannte.
Ternitz – heute ein Lichtermeer bei Nacht und die mit über 17.000 Einwohnern größte Stadt des Bezirks Neunkirchen – das ist auch die Geschichte der Region auf einem Platz. Bald nach Embel kam die Eisenbahn, und mit ihr Arbeiter aus allen Regionen der Monarchie, 1846 errichtete Franz Miller die Theresienhütte am Ternitz, die Geburtsstätte der stolzen Stahlindustrie, die der Stadt fast eineinhalb Jahrhunderte ihren Stempel aufdrückte. Das Hochhaus, eine moderne Kirche – Architektur der Wirtschaftswunderzeit – und der „75er", der letzte und größte Rauchfang von Dutzenden prägen die abendliche Silhouette dieser Stadt.

René Harather

René Harather ist Journalist und Autor zahlreicher Publikationen über die Industrie und deren Geschichte im Schwarzatal.

Petersberg – more of a hill than a mountain overlooking the Schwarza valley plains – dates back to the Stone Age 4,500 years ago as a perfect strategic place of refuge and settlement. Several excavation sites around St. Peter's Church unearthed flint arrowheads and the mythical story of the mountain. The 9th century saw the Carolingians and the Magyars in this region. For centuries this border region was heavily fought over. The traces of the "solid house" of the Dunkelstein family have been excavated again, and the castle – according to legend, once lost due to the greed and hard-heartedness of its owners – rediscovered.
The story of the chapel dates back far into Medieval times, though its appearance today dates back to the 15th and 16th centuries. The original steeple was destroyed in a fire in 1872. The landscape painter Franz Xaver Embel saw the original steeple and documented it for posterity during several trips to the region. He stood right on top of Petersberg at sundown, which he describes with great excitement. A few moments later he spotted a few houses, which were introduced to him as "Ternitz". Ternitz – a sea of lights at night and the largest city of the local district Neunkirchen with a population of more than 17,000 souls – that's the history of the region condensed in a nutshell. Soon after Embel came the railway and in its wake came workmen from all over the monarchy. In 1846 Franz Miller founded the Theresien furnace in Ternitz, the birthplace of the proud steel industry which has been the town's backbone for more than one and a half centuries. The skyscraper, a modern church – architecture dating back to the miraculous economic boom – and the "75er", the last and tallest chimney of a dozen others, characterise the evening silhouette of this town.

René Harather is journalist und author of various publications about industry and its history in the Schwarzatal.

Winterlicht

Winter light

Der Himmel scheint jetzt farbiger zu sein als zu den anderen Jahreszeiten. Da mischt sich ein rosa Farbton ins Grau und sanfte Ockergelb. Pfade sind in den Schnee getreten, kreuzen Wildfährten. In den Wäldern wird es still.
Spät geht die Sonne auf über den schwarzen Fichtenwipfeln und den verschneiten Almen. Auf den Höhen brauen sich Wolken zusammen. Wo der Wind den Boden kahlgefegt hat, ist die Erde vom Frost versteinert.

The sky seems to far more colourful than in the other seasons. A hue of pink blends in with the grey and subtle ochre. Trails are stamped into the snow, crossing wild animal tracks. Peace and quiet set over the forests. The sun rises late now over the dark fir tree tops and the snow-covered alpine pastures. Up in the highlands clouds start building up. Gusty winds have swept the ground clean and petrified it with frost.

Nebelstimmungen um Hochneukirchen/Bucklige Welt | *Misty morning near Hochneukirchen/Bucklige Welt*

Bucklige Welt – Grenzgebiet am Ostrand der Alpen, eine wundersame Gegend, deren Mugeln aufeinander folgen und aneinander buckeln bis zum Wechsel hin. Verlässt man die Autobahn, trifft man auf Straßen und Wege, auf denen man sich herrlich verirren kann – ein guter Weg, der Landschaft näherzukommen. „Breitenbuch", „Linden", „Schönau", „Lichtenegg" – Bilder tauchen in diesen Flur- und Ortsnamen auf und verdichten sich zu einer bunten Landkarte. Die Zeit scheint stillzustehen in den kleinen Welten der Täler mit ihren Dörfern, Burgen und Wehrkirchen. Weit geht der Blick von den Hügelkuppen bis dorthin, wo die Horizonte zum Wechsel hin ineinander laufen.

Bucklige Welt – the area bordering on the eastern edge of the Alps, a wondrous region, whose hillsides follow each other all the way up to the Wechsel ridge. If you leave the motorway, you can get lost on countless roads and narrow lanes, and thus discover the marvellous countryside. "Breitenbuch", "Linden", "Schönau", "Lichtenegg" – a plethora of images constantly appears in the names of hamlets, villages and topographical features, all blending into a colourful map. Time seems to stand still in the small microclimates of vales with their villages, castles and fortified churches. Far-reaching vistas from the crests of the hills extend to Wechsel where the horizons merge.

Seite 60–65: Vorwinterliche Szenen im Reichenauer Tal, in Hochneukirchen und am Eichberg | *Page 60–65: Nearly winter scenes in Reichenau valley, in Hochneukirchen and on Eichberg*

Lebenslinien

Lifelines

Wasser kommt von oben – aus den Wolken, die Regen und Schnee bringen. Es sammelt sich in der Erde, es sprudelt und rieselt klar in Quellen unter dicken Schnee- und Eisschichten hervor, dunkel füllt es alle Tiefen. Es scheut vor keinem gefährlichen Felsen, vor keinem hohen Sturz zurück und überwindet so alle Gefahren. Es erreicht sein Ziel durch ununterbrochenes Fließen.

Winternebel sammelt die Feuchtigkeit in den Tälern und Schluchten und braut daraus Flocken, der Wind weht sie auf die Höhe. Wasser gefriert zu Zapfen und Kaskaden in den Felswänden der Rax. An den Zweigen hängen Eistropfen, seltsame Formen, die im Licht glitzern, bevor die Sonne verschwindet.

Stille Tage auf dem Schneeberg, seine Gipfelfläche funkelt von Schneekristallen. Der Raureif hat Bäume und Sträucher auf dem Semmering in Gespinste verwandelt. Auf der Rax ist fünf Monate lang Winter. Seine Gewalt ist manchmal spürbar – Lawinenabgänge und Schneestürme haben hier schon manche große Zerstörung angerichtet.

Im Frühling rauscht dann das Schmelzwasser ins Tal. Die Bäche sind wieder voll, unter dem Moos und dem Teppich aus dürrem Laub gluckert es – Wasser überall, das neues Leben bringt.

Water comes down from above – from the clouds, which bring rain and snow. It gathers in the ground, gurgling and springing into the light from underneath choking layers of snow and ice, and in the darkness it fills all the depths. It does not shy away from dangerous rocks, from high drops and thus overcomes all hazards. Through continuous flowing it reaches its destination.

Winter mist gathers the dampness in the valleys and ravines and brews it into flakes, the wind carries them onto the heights. Water freezes into icicles and cascades in the cliff faces of Rax. The boughs carry drops of heavy ice, strange shapes reflecting and glittering in the light before the sun disappears.

Still days up on Schneeberg, its summit glittering in pristine crystals of white. The morning frost has transformed trees and shrubs on top of Semmering into ghastly, yet gracious skeletons. The winter on the Rax plateau lasts for five months. Its power can be felt – avalanches and snow storms have done considerable damage around here.

In the spring, ice water gushes down the mountainside. The creeks are full, beneath the moss and the carpet of wilted foliage the gurgling resounds – water everywhere bringing new life.

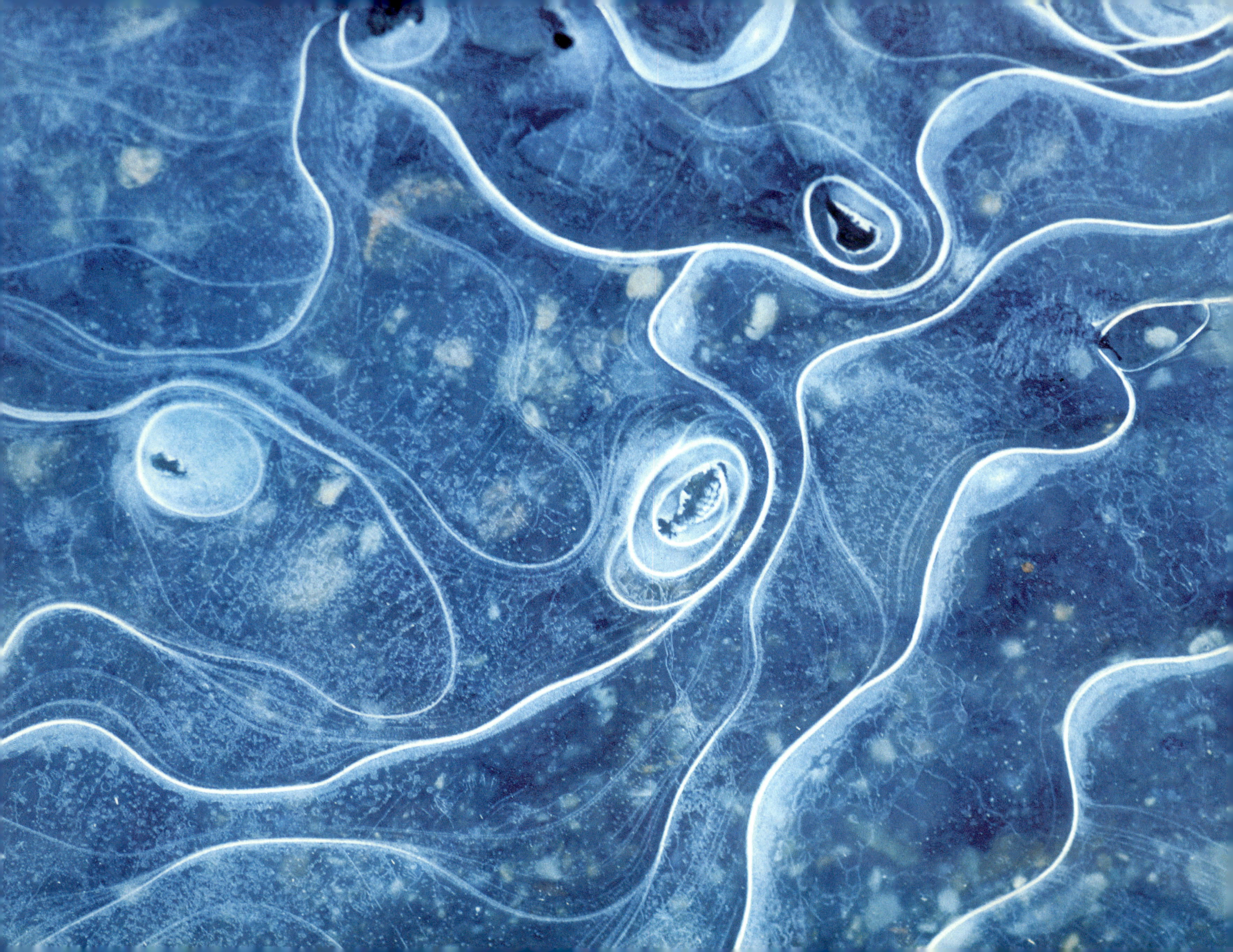

„Es gibt eine Stille – kennst du sie? – in der man meint, man müsse die einzelnen Minuten hören, wie sie in den Ozean der Ewigkeit hinuntertropfen."
(Adalbert Stifter: Feldblumen, 1923.)

"There is a stillness – do you know it? – which makes people think it must be possible to hear every single minute dropping into the ocean of eternity."
(Adalbert Stifter: Feldblumen, 1923.)

Wintertag in Reichenau an der Rax – Winternacht in Payerbach | *A winter's day in Reichenau – a wintry night in Payerbach*

Dicke Schnee- und Raureifmäntel liegen auf hölzernen Gartenzäunen, Dächern und Ästen. Anders als im Sommer mit seinem einheitlichen Grün wird jeder Baum und Strauch jetzt zu einer eigenständigen Persönlichkeit.

Thick blankets of snow and frost cloak wooden fences, roofs and branches. In contrast to the summer's uniform green, every tree and shrub becomes an individual personality.

Hauptplatz von Neunkirchen und Krampustreiben | *Main square in Neunkirchen, Krampus pageant*

Jetzt ist die Zeit

The time has come

… der Winterbräuche: duftende Bratäpfel, Lebkuchen, Adventkranzbinden, Nikolaus und Krampustreiben. Als Kinder sind wir jeden Morgen im Stockdunkeln drei Kilometer zur Rorate gegangen. Lichterketten in den Straßen und auf Bäumen lassen Träume aufkommen. Wie viele Tage sind es noch bis …

… for winter traditions round again: the unmistakable scent of roast apples, gingerbread, an Advent wreath, the Krampus pageant. When we were children, still we used to hike through the pitch black of the morning to the early morning service. Shafts of light in the streets and in the trees allow dreams to rise. How many days are there till …

Winternacht am Hauptplatz Gloggnitz | *A winter's night on the main square of Gloggnitz*

Das ist die besinnliche Weihnachtszeit – doch der Schein trügt: Hinter den Fassaden herrscht emsiges Treiben. Das Christkind bäckt Kekse und verpackt Weihnachtsgeschenke, die Eltern haben alle Hände voll zu tun, damit am Heiligen Abend alle Augen funkeln.
Den Lebkuchen nach dem Rezept der Uroma bereitet man am besten schon einen Monat vor Weihnachten; dann muss er in Dosen weich werden.
Dazu eine schnelle Alternative: 2 Eier, 18 dag Staubzucker, 8 dag Honig, 1 Esslöffel Natron, 35 dag Roggenmehl, Lebkuchengewürz abrühren, Saft von einer halben Orange, Zitronenschale und geriebene Kochschokolade dazugeben, Teig auswalken, ausstechen, mit Ei bestreichen und backen.
Damit es auch am 24. Dezember nicht zu spät ist …

There it is at first glance – the tranquil time of Christmas. But it is merely make believe, for behind the scenes the festive hurly-burly has just started again. Father Christmas is busily engaged in baking and wrapping Christmas presents, parents are busy with their preparations for a perfect Christmas Eve and the ensuing unrivalled bright sparkle in their children's eyes.
It has paid off, starting early with great grandma's gingerbread recipe and letting it rest and soften up in cans.
A fast alternative: 2 eggs, 180 grams of powder sugar, 80 grams of honey, 1 spoon of baking powder, 350 grams of flour; mix in with ginger spice, the juice of half an orange, ground lemon peel and ground bitter chocolate, roll out the dough, cut out, glaze with egg yolk and bake. For it must not be too late on 24th December …

Blaue Stunde im Kurpark Puchberg am Schneeberg | *Blue hour in the park in Puchberg am Schneeberg*

Heiliger Abend
Christmas Eve

An einem Heiligen Abend bin ich im Tiefschnee auf den Berg gestapft, voll von Gedanken über das letzte Jahr, voll mit Zielen und Wünschen, die ich – noch immer – nicht erreicht hatte. Die Stirnlampe leuchtete meinen kleinen, überschaubaren Bereich aus. Unten im Ort begann das Turmblasen. Ich kannte jede Gasse, stellte mir die Feiern und Bescherungen in den Häusern vor – jetzt war Weihnachten.

One Christmas Eve, I was hiking up a mountain through the deep snow, my head full of thoughts about the year gone by, full of desires and goals which I still had not managed to fulfill and reach. My headlamp lit up the small and clearly defined area in front of me. I knew each single track. In the village down the mountain, I pictured the festivities and celebrations inside people's homes – Christmas time had finally arrived.

Nebelziehen am Semmering beim Jugendstilhotel Panhans | *A cushion of mist gently hovering over Semmering and the art nouveau Panhans Hotel*

Den Winter erobern

Conquering winter

Ein Leuchten und Funkeln ist auf den weiten Hängen, wenn Schnee und Eis die Bergwelt in ein Wintermärchen verwandeln. Der Winter hier hat viele Gesichter – Romantik in verschneiten Wäldern, heimelige Gemütlichkeit, Winterbräuche, aber auch rasanter Wintersport und Schneespaß von der schönsten Seite. Seit dem 19. und beginnenden 20. Jahrhundert kommen Wintergäste hierher, als Erholungssuchende, Schifahrer, Hochtourengeher oder alpine Wettkämpfer – war doch der Semmering der mondänste Wintersportort der Monarchie mit hochmodernen Bob- und Rodelbahnen, Sprungschanzen und Schipisten, auf denen internationale Wettkämpfe und Rennen ausgetragen wurden; lockten doch Lifte und Seilbahnen die Sportler und Winterkurgäste mit mühelosen Anstiegen in alpine Regionen.

A glowing and sparkling cover the wide slopes when snow and ice have turned the landscape into a winter's tale. The winter time takes on many different faces – a romantic snowy forest, familiar cosiness, old winter traditions, but also fast-paced winter sports and unparalleled, joyous frolicking in the snow.

Winter guests have been frequenting Semmering since the 19th and early 20th centuries, seeking peace and quiet or an athletic winter challenge, ascending the snowed over summits on untrodden paths, or competing in alpine winter events. Semmering used to be the monarchy's most prestigious destination in terms of winter sports, boasting state-of-the-art bobsleigh and toboggan runs, ski jumps and slopes, and hosting international skiing events. Modern lifts and swift gondolas attract countless sports people as well as other guests into the alpine heights.

Holz vor und Hirschenkogel hinter der Hütte | *Wood stack in front of, and Hirschenkogel behind the refuge*

„Fashionabel ist es dort oben, wenn auch auf der Schneefläche eigentlich der soziale Unterschied schwindet, namentlich beim Sturz." (Wintersport auf dem Semmering, in: Kleines österreichisches Sportblatt 19.1.1908)

Heute ist der Semmering Wintersportort und Location für den internationalen Ski-Weltcup.

Von der Milleniumswarte auf dem Hirschenkogel/Semmering: über Stuhleck, Mürztal (Steiermark), Rax-Schneeberggebiet und Sonnwendstein
In front of the Millennium Tower on Hirschenkogel overlooking Stuhleck, the Mürz valley and the enchanting mountains

"It is en vogue up there, even though social class distinction blur up there on the snowy surface – namely when falling down."
(Winter sports at the Semmering, in: Kleines österreichisches Sportblatt 19.1.1908)

Nowadays, Semmering is a popular winter destination and a perfect location for the international skiing World Cup.

Die Natur, so schön sie ist, bietet in dieser Jahreszeit wenig zum Verwöhnen. An sonnigen Tagen, ja, da liegen die Wiesen und Wälder lichtdurchflutet da und der Himmel flimmert. Es gibt aber auch Nebel, Frost, viel Eis und Wind – vor allem auf den Höhen von Rax, Schneeberg und Wechsel. Der Winter dauert dort oben lang.

Mother Nature, beautiful as she may be to behold, spoils us with very little during the winter. Admittedly, on sunny days the meadows and woods lie there flooded by the bright winter sun and the sky glitters. Fog, frost, lots of ice and winds – predominantly up on the heights of Rax, Schneeberg and Wechsel – are the other side of the coin. There, the winter lasts a long time.

Schneemann im kalten Raxwind; rechts der Semmering I *A snowman in the chilly winds of Rax, with Semmering on the right*

Seite 92/93: Blick vom Sonnwendstein in die Winterwelt der Zauberberge I *Page 92/93: Beholding the fantastic winter wonderland of the enchanting mountains from Sonnwendstein*

Winter rund um das Ottohaus auf der Rax | *The Otto refuge on Rax in the midst of winter*
Seite 96/97: Raxplateau, im Hintergrund der Schneeberg | *Page 96/97: The Rax plateau against the backdrop of Schneeberg*

Freud auf der Rax

Freud on the Rax

Sigmund Freud, Arzt und Begründer der Psychoanalyse, verbrachte viele Tage auf dem Semmering und später in Reichenau. Als begeisterter Bergsteiger liebte er den Schneeberg und die Rax, die er oft dreimal pro Woche bestieg. Sogar eine Krankengeschichte soll sich dort zugetragen haben, bei der eine gewisse „Katharina", Tochter der Hüttenwirtin, Freud auf dieser Schutzhütte angesprochen und um Rat gebeten hat.

Sigmund Freud, the founding father of psychoanalysis, spent many a day at Semmering and later in Reichenau. As a fanatical mountaineer, he adored the Schneeberg and Rax mountains, which he used to climb – quite frequently as often as three times a week. Once a girl called "Katharina", the daughter of the owner of a mountain refuge, approached him for counselling.

Wintermärchen Puchberg am Schneeberg | *A winter's fairy tale in Puchberg am Schneeberg*

Der Aufstieg in die hochalpinen Wald- und Felsregionen ist ein unvergessliches Erlebnis mit Tiefschnee- und Firnabfahrten über glitzernde Steilhänge, zwischen Felswänden und durch Wälder. Nicht die Anzahl der Abfahrten zählt, sondern das Dahingleiten in Stille und Einsamkeit, abseits der Pisten. Bis in den späten Frühling locken auf Schneeberg und Rax die Firnabfahrten, die irgendwann in blühenden Wiesen enden. Zur selben Zeit bahnt sich auch die Zahnradbahn ihren Weg auf den Schneeberg.

The ascent into the high alpine regions of forests and rocks is a memorable experience, in combination with runs through pristine backcountry powder and down steep, glittering slopes, negotiating narrow cliff faces and glades. It is not the number of runs that counts, rather smoothly floating along in serenity and loneliness, far off the beaten, groomed trails. Until late spring fabulous conditions on Schneeberg and Rax lure backcountry skiers onto their pristine runs from the snowy heights down into the springtime meadows. At the same time, the Schneeberg mountain railway chugs laboriously up towards the summit through snow and ice.

Links: Schneefräsen der Zahnradbahn auf dem Schneeberg (mit Elisabethkircherl); rechts: Willi und Sepp am Herminensteig
Left: Snow plough on the Schneeberg mountain railway (with Elisabeth chapel); right: Willi and Sepp on the alpine Herminen trail

Links: Steinhühner; rechts: Willi und Sepp fast am Ziel | *Left: rock partridges; right: Willi and Sepp nearly there*

Ganz oben

On the very top

Unten in Puchberg blühten die Bäume, oben war noch Winter. Beim Aufstieg über die Schneefelder der Breiten Ries hatte ich einen Schistock verloren. Das Gipfelkreuz leuchtete in der Morgensonne mit seiner zwei Meter langen Fahne aus Eis und Rauhreif. Zugeweht von der Wetterseite lag die Fischerhütte unter einer dicken Schneedecke. Die Bergsteiger, die über den Fadensteig heraufgekommen waren, suchten lange nach der Hütte. Erst als einer der Vier ahnungslos auf ihrem Dach stand, erkannte er sie am Rauchfang.

Down in Puchberg the trees were in bloom, but up there it was still winter. When climbing the snowfields of Breite Ries I lost a ski pole. The cross at the summit, bearing a two-metre flag of ice and frost, glows and glitters in the rising morning sun. The Fischer refuge was completely covered by a snowdrift from the windward side. The climbers who had ascended via Fadensteig searched for the hut for a considerable time. Only by chance did one of them discover the hut – when he was standing on top of it looking at its chimney.

Links: Ausstieg Breite Ries, rechts: Fischerhütte auf dem Schneeberg | *Left: Leaving Breite Ries; right: Fischer refuge on Schneeberg*

Seite 106/107: über dem Schneeberg | *Page 106/107: above the Schneeberg*

Gehen lassen

L e t   i t   b e

Stille Wanderungen lassen einen aufatmen und im Zauber der Winterlandschaft den eigenen Träumen nachgehen. Die Region ist eine Naturoase mit idyllischen, geruhsamen Wegen und herrlichen Aussichtspunkten.

Quiet walks allow you to breathe and toy with your own thoughts and dreams in the magic of a wintry landscape. The region is a natural oasis featuring idyllic, serene trails and phenomenal lookouts.

Höflein an der Hohen Wand | *Höflein at the foot of Hohe Wand*

Seite 112–115: von Kirchberg am Wechsel bis zum Feistritzsattel | *Page 112–115: from Kirchberg am Wechsel to Feistritzsattel*

Toten(t)ruhe

Eternal silence

Früher verengte der Winter den Lebensraum der Bergbauern auf das Haus. In Einschicht, Kälte, Schnee und Stürmen waren Mensch und Natur, aber auch Leben und Tod nahe beisammen. Verstorbene Angehörige konnten im Winter in der tiefgefrorenen Erde nicht bestattet und von den abgeschnittenen Höfen nicht ins Tal gebracht werden. So legten viele Bergbauern sie in eine Truhe, in der man sonst Geld und alte Kleider aufbewahrte, auf dem eiskalten Dachboden. Im Frühlingstauwetter wurden die Toten dann auf dem Friedhof unten im Ort begraben.
Die Kiste, in der einmal ein verstorbener Großvater einen Winter lang auf dem Dachboden lag, war einfach und handgezimmert. Im Frühjahr holte man sie herunter, um ihn zu bestatten. Wie sich danach herausstellte, war aber die falsche Truhe ins Tal getragen worden – sie enthielt nämlich nur altes Gewand.

For the farmers living in the Alps, winter in the old days meant being confined to their homes. Far away from other settlements and neighbours, the cold, snow and storms brought people and nature, life and death closely together. Members of the family who passed away could not be buried in the frozen ground, and were therefore placed in a coffin-like box and stored in the attic. In the warm days of spring the deceased was buried in the cemetery.
The temporary coffin in the attic was a very simple, handmade wooden box. It was taken down from the attic in the spring in order to bury the dead. As it turned out, the wrong box was brought down – it was the one in which old clothes were stored.

Eine andere, wundersame Welt

A different, miraculous world

... unter Tag, geheimnisvoll und faszinierend, gibt es hier zu entdecken. Das uralte Bergland ist voll von Höhlen und Schächten – Orte ewiger Finsternis, deren verborgene Schönheit und Farben erst im mitgebrachten Licht an unsere Augen gelangen. Die Höhlen beherbergen Eisgebilde und Tropfsteine, Hallen und Gänge, die einst den Menschen Zuflucht und Schutz gewährten und heute Wohnorte für seltene Tier- und Pflanzenarten sind:

Die Hermannshöhle bei Kirchberg am Wechsel mit fantastischen Tropfsteingebilden, Fledermäusen, Krebsen, Moosen und Farnen; die Falkensteinhöhle und das „Geiskircherl" in den Adlitzgräben und die „Ramerskirchen" in den Abhängen des Schneebergs; die Höhlen, Schächte und Löcher im Otter, von Wanderern kaum noch entdeckt; die „Excentriques"-Höhle bei Erlach mit ihren einzigartigen Tropfsteinfiguren; die glitzernde Welt der Raxeishöhle.

Verwundbare und unwiederbringliche Dokumente erdgeschichtlicher Vorgänge, besondere Ökosysteme mit eigenen Gesetzen sind sorgsam zu hüten und zu schützen.

In der „Raxeishöhle" auf dem Raxplateau in 1.609 Metern Höhe funkeln und glitzern das ganze Jahr über fünf bis sechs Meter große Eisgebilde – eine traumschöne unterirdische Welt, versteckt und schwer zugänglich. Der Eingang ist oft bis in das späte Frühjahr vom Schnee verschlossen. Die Höhle wurde wegen ihrer Schönheit zum Naturdenkmal erklärt.

Das Ruprechtsloch – sagenumwoben liegt es auf dem Otter, tief bis auf den Grund des Berges, erzählt man. Wieviel Unglaubliches kann einem da in der Abgeschiedenheit begegnen, wenn man schweigt, lauscht und schaut! Unten im Berg, in dem es von Gold und edlem Gestein glitzert, lebt und schläft König Otter mit seinem Hofstaat, wohnen die Bergmännlein in lichterfüllten Räumen und vergnügen sich mit Kegelspielen. Ihr Murmeln und Rufen soll in stillen Nächten hörbar sein. An kalten Novembertagen raucht der Berg an allen Ecken und Enden, wenn die warme Luft aus den Schächten und Höhlen der verkarsteten Kalke und Dolomiten in die Kälte hinauszieht. Dann hört man das laute Hauchen und Raunen der Luftbewegung. Die Bäume und Sträucher rund um die Höhlen sind im Spätherbst und Winter aufgrund der hohen Feuchtigkeit mit Eis überzogen. Der Sage nach soll ein Bauer, der einst den Bergmännlein Rosinen zum Höhleneingang gebracht hat, mit ungeheuer schwerem Gewand nach Hause zurückgekehrt sein. Als Dank waren die Nebeltropfen in Gold verwandelt worden. In dem Loch gibt es auch Tropfsteingebilde – man erzählt von goldenen Zapfen, die sorgsam vor der Gier der Menschen gehütet werden.

Im „Großen Windloch", einer Eingangshöhle zum Labyrinth der Hermannshöhle, findet man fantastische Eisformationen. Und Bündelweise hängen hier Fledermäuse (ca. 15 verschiedene Arten) Bauch an Rücken, um sich gegenseitig zu wärmen.

... what fascinating and secretive things may be discovered below ground. The ancient mountains around here boast a multitude of caves and shafts – places of eternal darkness, whose hidden splendours and colours are brought to our eyes only through the artificial light we bring along into the darkness. The caves contain icy formations and stalactites in halls and corridors that once offered shelter and protection to humans, and today accommodate rare animal and plant species.
Hermanns cave near Kirchberg am Wechsel boasts phenomenal stalactites and stalagmites, bats, crabs, moss and ferns; Falkenstein cave in the narrows of Adlitzgräben and "Ramerskirche" in the steep flanks of Schneeberg offered protection against the attacking Turks in the early days; "Geiskircherls" above Prein; the caves, shafts and holes in the lonesome Otter massif, hardly known to hiking visitors; the "Excentriques" cave near Erlach with its unique stalactite figurines; the glittering world of the Rax ice cave.
Sensitive and irretrievable documentation of the earth's development, special eco systems with their own sets of rules must be treasured and protected.
The Rax ice cave at an altitude of 1,609 m up on the Rax plateau holds five to six metre tall, sparkling and glittering ice formations – an indescribably breathtaking subterranean world, safely hidden away and difficult to get to. The entrance is often blocked by thick layers of snow well into springtime. The cave has been listed as a natural landmark to honour its unique beauty.

Ruprechts cave – a web of tales spun around – it sits up on the silent Otter, reaching all the way to the bottom of the mountain. A multitude of unbelievable experiences can come true when faced with solitude, in contemplative stillness, looking and listening! King Otter dwells in his realm of gold and glittering minerals in the interior of the mountain, gnomes dwell there and frolic around light-flooded halls when playing bowls. Their murmurs and yells are said to be heard far into the still night. On cold November days the mountain releases warm air from its countless limestone and dolomite shafts and caves into the nippy surrounding air. It is then the noisy breathing and howling of the air can be heard. In late autumn and winter trees and shrubs surrounding the caves are all covered in ice due to the humidity escaping from the mountain. According to the tale, a farmer who had always offered the gnomes raisins at the entrance of the cave once returned home clad in a heavy cloak, for the dew drops had been turned into gold by the grateful gnomes.
In this cave, stalactite and stalagmite formations can be found as well – as if the gnomes were hiding golden cones from the greed of humanity.
Fantastic ice formations can be beheld in the "great windy hole", an entrance cave to the labyrinth of Herrmans cave. Countless bundles of bats dangle down back to belly in order to protect each other from the cold (15 different recorded species).

Links: Sebastianfall in Puchberg am Schneeberg; oben: Kammerwandgrotte bei Reichenau an der Rax | *Left: Sebastian falls in Puchberg, above: Kammerwand grotto near Reichenau*

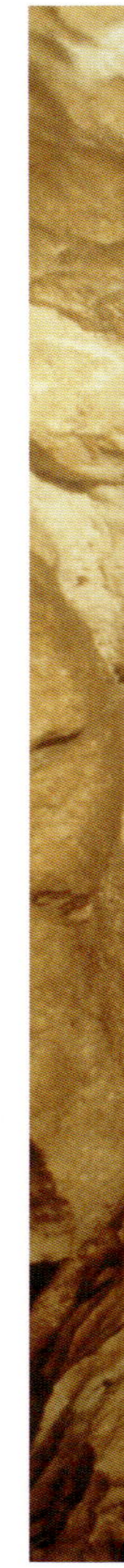

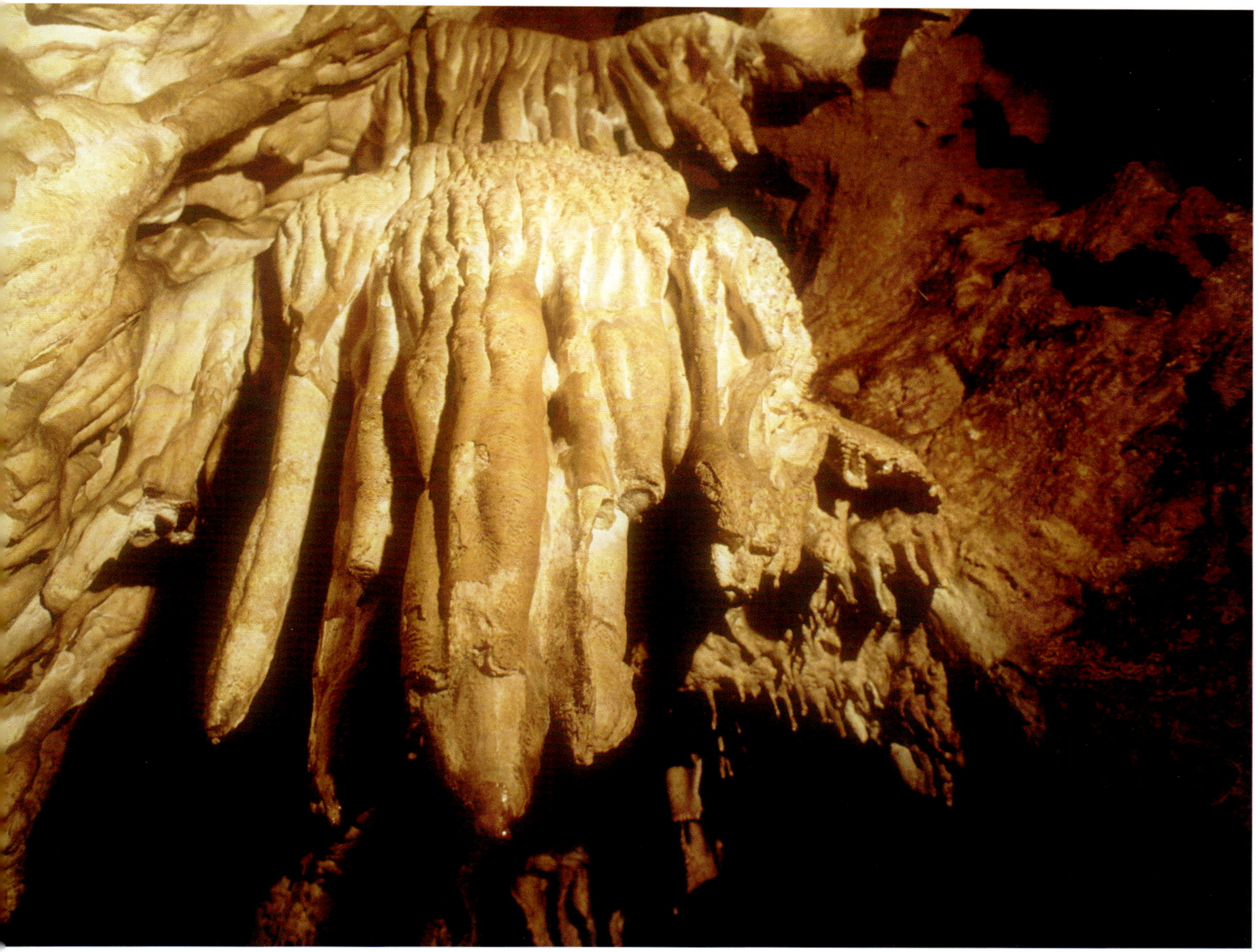

Seite 120/121: Raxeishöhle | *Page 120/121: Rax ice cave*
Seite 122/123: Ruprechtsloch und unbekannter Schlund im Otter | *Page 122/123: Ruprechts cave and uncharted shaft in the Otter*
Seite 124/125: im Großen Windloch im Otter | *Page 124/125: inside the great windy hole in the Otter*
Links: Hermannshöhle bei Kirchberg am Wechsel; rechts: Fledermäuse (Hufeisennase) | *Left: Herrmans cave in Kirchberg; right: horseshoe bats*

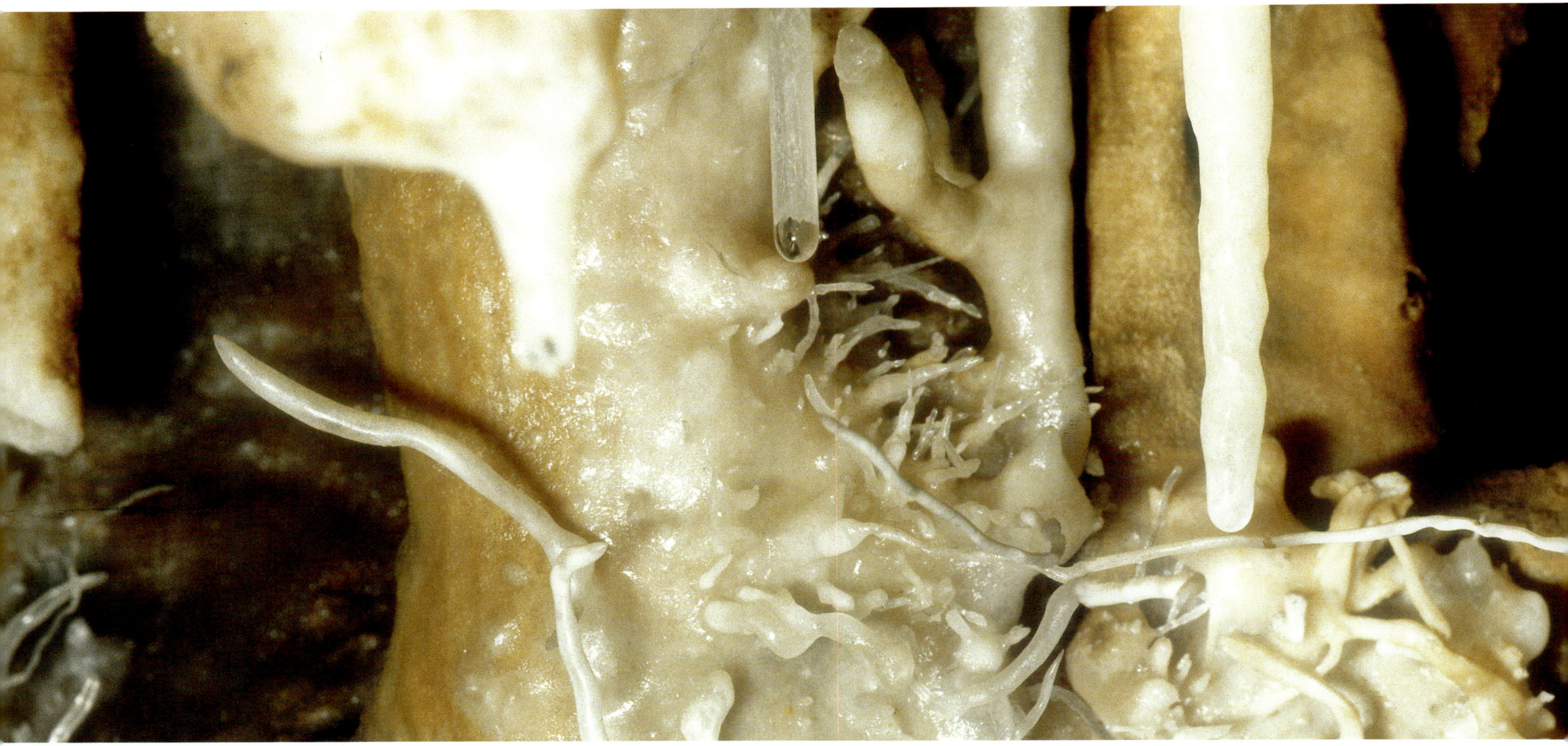

„Excentriques"-Höhle in Erlach | *"Excentriques" cave in Erlach*

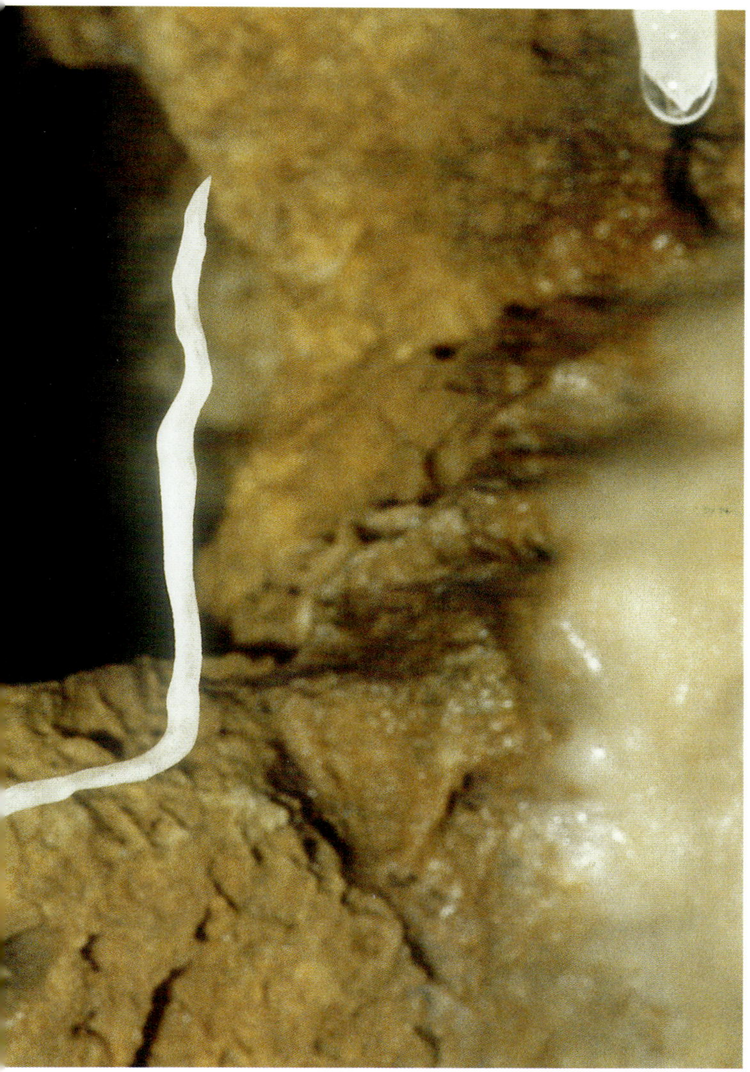

Der Eingang zur „Excentriques"-Höhle wurde 1959 bei einer Schottersprengung freigelegt: eine Tropfsteinhöhle mit so genannten „Excentriques", Sonderformen von Kalzit- und Aragonitbildungen. Sie richten sich in ihrer Entstehung seltsamerweise nicht nach der Schwerkraft und wachsen faden-, wurm- oder bäumchenförmig, filigran gekrümmt oder verschnörkelt aus den Wänden – wie von einer Spaghettimaschine hergestellt.
Wenn man durch einen Schluf kriecht, findet man im zweiten Teil der Höhle einen weiteren Schatz: Bergmilch- und Sinterformen haben hier traumhafte Gebilde entstehen lassen, so z. B. eine ca. ein Meter große „Rokokodame", schlank, mit weitem Rock. Vergleichbares findet sich nur in Frankreich.
Da vor ca. zehn Jahren eingebrochen und ein Teil der filigranen Tropfsteine unwiederbringlich zerstört wurde, ist die Höhle heute versperrt. Auskünfte bekommt man im Erlacher Heimatmuseum.

The "Excentriques" caves were discovered after a gravel blast in 1959. This stalactite cave contains so-called "excentriques", special forms of calcium and aragonite formations. Once they have been created, strangely, they do not follow the force of gravity but grow in all different shapes out of the walls of the cave – wormshape or treelike, meticulously bent or wonderfully ornamented – as if produced by a spaghetti machine.
Creeping through a ravine the second fabulous treasure is unveiled to the eye of the beholder: limestone and sinter formations have created dream-like shapes, such as a one metre tall Rococo lady, elegantly dressed in a wide skirt. Comparable formations elsewhere are only found in France. About ten years ago people destroyed parts of the brittle formations, so it is closed to the public nowadays. Further information may be obtained at the museum of local traditions in Erlach.

912

*Entrisch**

E n t r i s c h *

… wird es beim Blick auf den Mond, der Licht und Kraft auf die Erde ausstrahlt. Und die aus der Erde strahlenden Magnetfelder und Wasseradern sind manchem auch nicht geheuer – starke Kräfte von oben und unten.
Auch in der Erde kämpfen Menschen mit der gewaltigen Natur: gegen Gesteinsverwerfungen, Übergangszonen, Wassereinbrüche und Gebirgsdruck. Man kommt nur Schritt für Schritt voran. Erst wenn der Durchbruch geschafft ist, wird Licht am Ende des Tunnels sichtbar. Und wenn (man wie) der Wind durch die Röhre fährt, ist die Enge wie weggeblasen. Das ist schon fast exzentrisch …

* Im Dialekt der Region: unheimlich

… is how it feels when gazing at the moon, the source of light and power for the Earth. And the magnetic fields and water veins are spooky too for some people – strong forces from above and from below.
Even inside the earth, men wrestle with the powerful forces of nature: fighting with rock throw, transitional zones, water leakage and pressure resulting from the mountains: step by step and slowly you proceed. Once you have broken through the rock, the light at the end of the tunnel will become visible. And if – just like the wind – you zoom through the pipe, the narrowness seems blasted to pieces. This seems almost eccentric …

* A slang word for scary.

UNESCO Welterbe

U N E S C O World Heritage

Die UNESCO-Konvention:
Die „Welterbekonvention" wurde 1972 von der Generalkonferenz der UNESCO beschlossen, um jenes „natürliche und kulturelle Erbe" auszuwählen und in einer „Liste des Welterbes" zu erfassen, das von außergewöhnlichem Interesse für die gesamte Menschheit ist. Die Liste liegt bei der UNESCO in Paris auf. Ziel der Konvention ist es, in Zusammenarbeit zwischen allen Völkern einen wirksamen Beitrag zum Schutz dieses „Welterbes" zu leisten.

The UNESCO Convention:
The World Heritage Convention was implemented by the general UNESCO conference in 1972 in order to select "the natural and cultural heritage" and enter it in a "list of world heritage sites" that are of special interest to the entire human race. The list is stored at UNESCO headquarters in Paris. The ultimate goal of the convention is to preserve our selected world heritage in cooperation with all the peoples of the world.

Linke und folgende Seiten: Kalte Rinne; rechts: Viadukt der Semmeringbahn | *Left and following pages: Kalte Rinne, right: Viaduct on the Semmering Railway*

Semmeringbahn

Semmering Railway

Mit der Unterzeichnung der Konvention verpflichtet sich jedes Land dazu, die innerhalb seiner Landesgrenzen gelegenen, in die Welterbeliste eingetragenen Denkmale von außergewöhnlicher, weltweiter Bedeutung zu schützen und zu bewahren.
Die Aufnahme in die Liste erfolgt nur über Antrag des betreffenden Staates. Ein „Komitee für das Welterbe", bestehend aus Experten aus 21 Ländern, entscheidet endgültig über Aufnahme oder Ablehnung eines Antrages. Das Komitee tritt einmal jährlich zusammen.
Seit 1998 ist die Semmeringbahn Welterbe der Menschheit ...

Signing the convention obliges the respective country/government to protect and preserve the extraordinary and globally important landmarks entered in the heritage list for future generations.
Admission to the list only occurs after a formal application by the respective state. A "heritage list committee", consisting of experts from 21 countries, has the ultimate authority to accept or reject the application. The committee convenes once a year.
The Semmering Railway has been listed as a World Heritage Site since 1998 ...

Die Geschichte Europas & eine Baustelle

European history and a construction site

Vor 150 Jahren war die damals größte Baustelle Europas in vollem Betrieb! Auf der südlichen Staatseisenbahn sollte zwischen den Bahnhöfen Gloggnitz und Mürzzuschlag die Lücke über den Semmeringpass geschlossen werden, die bis dahin einen mühsamen und zeitraubenden Transport von Passagieren und Gütern mit Pferdewagen notwendig gemacht hatte.

Vom Erbauer der Semmeringbahn Carl Ritter von Ghega war die Trasse der Bahnlinie an den Talabhängen entlang und um die Gebirgsrücken herum bis zum Scheitelpunkt auf dem Semmering geführt worden, sodass ein Steigungsverhältnis von höchstens 25 Meter Höhenunterschied auf 1.000 Meter Entfernung erzielt werden konnte. Diese erste Bahn, die in Regionen mit Hochgebirgscharakter vordrang, ist bis heute Vorbild für alle Gebirgsbahnen der Welt geblieben. Die 41 Kilometer der Semmeringbahn führen über 16 teils mehrstöckige Viadukte und durch 15 Tunnels, und alles ist so in die Landschaft komponiert, dass es nie einen schweren Eingriff darstellt, sondern im Gegenteil zu deren Bereicherung beiträgt.

Durch fünf Jahre hindurch waren an die zehntausend Menschen gleichzeitig beim Aufschütten der Dämme, dem Errichten der Viaduktkonstruktionen und dem Graben der Tunnelröhren beschäftigt, bis 1854 das gewaltige Werk vollendet war. Sie kamen aus allen Teilen des österreichischen Kaiserreiches. Vor allem waren aber Norditaliener, Böhmen, Slowaken und Tiroler mit den oft waghalsigen Bauarbeiten beschäftigt. Meist waren sie mit ihren Familien gekommen und lebten in zahlreichen dorfähnlichen Siedlungen entlang der Eisenbahntrasse, die alle nach der Beendigung der Bauarbeiten wieder verschwunden sind.

Der „Große Hit", so würde man das heute formulieren, war damals der ein- oder zweitägige Besuch der Baustellen. Eigene Unternehmen organisierten solche Besuchsfahrten, die von Wien aus bis Gloggnitz mit der Eisenbahn und von dort weg mit Pferdewagen unternommen wurden. 1851 brachte man sogar ein keines Büchlein „Anleitung zur zweckmäßigsten Bereisung der Baustellen der Semmering-Eisenbahn von Gloggnitz bis Mürzzuschlag" heraus, welches ein „Bestseller" wurde.

Wer waren nun die Besucher, die weniger aus technischem Interesse, sondern vielmehr „um auch mitreden zu können" in die damals unwirtliche Landschaft um den Semmering kamen? Meist waren es Wiener Bürger und ihre Familien, welche den Reiseunternehmen volle Kassen brachten, den Arbeitern bei ihrer kraftraubenden Tätigkeit zusahen und die Vielfalt der Völkerschaften der Monarchie in den Arbeiterlagern kennen lernen wollten. Aber auch prominente Besucher kamen häufig zu der Großbaustelle auf den Semmering: Mehrere Erzherzoge und ihre Gemahlinnen, Angehörige des Hochadels, eine Reihe von Ministern und Staatssekretären, der Erzbischof von Wien, hohe Militärs und mehrere Diplomaten wurden von Ingenieuren des Bahnbaues auf den Baustellen herumgeführt.

Auch Otto Fürst von Bismarck besuchte, als er als Gesandter des Deutschen Bundestages in Wien weilte, im Juli 1852 in Begleitung des Grafen Otavio von Kinsky die Bahnbaustellen auf dem Semmering. Bei dieser Besichtigungstour widerfuhr Bismarck ein arges Missgeschick, welches ihm fast das Leben gekostet hätte. In einer unbeleuchteten Tunnelbaustelle brach unter ihm ein über eine tiefe Spalte gelegtes Brett. Er ließ die Lampe, die er getragen hatte, fallen, spreizte instinktiv seine Arme zur Seite, konnte sich dadurch an seitwärts befindlichen Streben festkrallen und auf diese Art einen wahrscheinlich tödlichen Absturz verhindern. Er selbst beschreibt in seinen hinterlassenen Schriften diesen Vorfall. Man könnte nun darüber spekulieren, wie die politische Landschaft Europas heute aussehen würde, hätte Bismarck damals bei der Besichtigung der Semmeringbaustelle seine Arme nicht so geistesgegenwärtig zur Seite gestreckt und wäre in die tödliche Tiefe gestürzt.

Robert Pap

Vorige Seite: Schloss Wartenstein in Raach am Hochgebirge und Schneeberg | *Previous page: Wartenstein Castle in Raach am Hochgebirge and Schneeberg*

150 years ago Europe's largest construction site was in full swing! Between the Gloggnitz and Mürzzuschlag stations along the south railway, the gap across the Semmering pass was to be closed. Up until then passengers and goods had had to go on a tedious and time consuming trip over the mountain by horse carriage.

The engineer in charge, Carl Ritter von Ghega, laid the track, following the mountain slopes, around bulging ridges up to the crest of Semmering. The incline was no more than 25 vertical metres over a distance of 1,000 metres – a masterpiece of its kind! This very first high alpine railway has since then served as a role model for all other railway lines in alpine terrain. The 41 kilometres of railway incorporate 16 viaducts and 15 tunnels, all perfectly blended with the surrounding landscape, so that they are never seen as eyesores, rather as an enrichment to the scenery.

For a period of five years, approximately 5,000 workmen were busy building dams, constructing viaducts and driving tunnels. In 1854 the gigantic masterpiece was completed. From all across the Austrian monarchy they converged; predominantly people from northern Italy, Bohemia, Slovakia and Tyrol were the courageous builders of this railway line. In many cases they brought their families along and lived in countless temporary settlements along the line, all of which disappeared after the completion of the railway.

The "big hit", as it would be termed today, was a trip to the construction sites lasting a day, or even several days. Various specialised companies organised such trips from Vienna to Gloggnitz by rail and from there onwards by horsedrawn carriage. A little booklet entitled "A step-by-step guide to making the most of your visit to the Semmering railway construction sites between Gloggnitz and Mürzzuschlag" published in 1851 soon turned into a bestseller.

Who were the visitors who were attracted to the inhospitable Semmering region – not necessarily driven by a technical interest, but by the social aspect of "being able to opine" about it as well? Mostly it was the Viennese bourgeoisie who accounted for full vaults, observing the hard-working labourers and wishing to learn the whereabouts of the multitude of the workmen in the camps. However, even VIPs frequently showed up at the massive construction site at Semmering: archdukes with their wives, blue-blooded representatives, a host of ministers and secretaries, the Viennese archbishop, high-ranking military and international envoys were led about the railway sites by engineers. Even Otto von Bismarck visited in July 1852 when he was temporarily based in Vienna as the envoy of the German parliament. Accompanying him was Duke Otavio von Kinsky. During this site visit an unfortunate – and almost fatal – mishap occurred. Bismarck was walking through an unlit tunnel across a plank bridge over a sheer drop. The board broke in two and instinctively Bismarck dropped his lamp and clutched the wooden sleepers on either side of the chasm, thus escaping a fatal fall. His autobiography contains a short account of this incident. One may speculate about the development of Europe's political landscape had he not instinctively spread his arms, thus saving himself from falling to a certain death.

Robert Pap

Robert Pap ist Historiker und Autor der Bücher „Unesco Weltkulturerbe Semmeringbahn" und „Semmeringland", „Wiedergefundenes Paradies" und vieler weiterer lesenswerter Publikationen über die Wunderwelt der Zauberberge.

Robert Pap is historian and author of the books „Unesco Weltkulturerbe Semmeringbahn" and „Semmeringland", „Wiedergefundenes Paradies" and further interesting publications about the miraculous world of magic mountains.

Weltbank

World bank

Die finanzkräftige Familie Rothschild war nicht nur einst Gast in Reichenau, sie hinterließ hier auch ihre Spuren. Das Traumschloss der Rothschilds zeugt heute noch von deren damaligem Reichtum. Als mächtige Finanzmänner Europas finanzierten sie nicht nur Kriege der Habsburger, sondern auch den Bau der Semmeringbahn mit: was bei der Abrechnung 1856 satte 24,59 Millionen Gulden (entspricht heute ca. 255 Millionen Euro) ergab, die die Errichtung der Semmeringbahn schließlich kostete.

The financially influential Rothschild family were not only guests in Reichenau, they also left some lasting traces there. The phenomenal Rothschild Castle still bears tribute the family's incredible wealth to this day. As influential financiers of European format, they sponsored the Hapsburg wars as well as the construction of the Semmering railway line: at the end of the day in 1856, construction of the railway had cost a total of 24.59 million guilders (approx. 255 million euro).

Links: Schloss Rothschild, Reichenau an der Rax; rechts: österreichische 20-Schilling-Banknote mit Semmeringbahnmotiv | *Left: Rothschild Castle, Reichenau; right: Austrian 20 schilling note featuring the Semmering railway*

Semmeringkulisse mit Südbahnhotel | *Südbahn Hotel against the backdrop of Semmering*

Unser Erbe

Our heritage

„Zweck der Welterbe-Liste sowie der Erhaltung des Welterbes im Allgemeinen ist es, Stätten von 'außergewöhnlichem allgemeinem Wert' ausfindig zu machen und zu schützen, um so zu gewährleisten, dass Sie und Ihre Kinder sich ihrer auch in Zukunft erfreuen und von ihnen lernen können.
Es liegt an Ihnen, diese Stätten zu erhalten. Wenn Sie achselzuckend weitergehen, könnte unser aller Welterbe einfach verschwinden, wie einst die Sieben Weltwunder der Antike. Es ist ganz leicht, es zu verlieren – oder aber zu bewahren. Die Entscheidung liegt bei Ihnen.
Denken Sie aber auch daran, dass Ihr eigenes Erbe ebenso schützenswert ist, sogar in Ihrer eigenen Gemeinde."
(UNESCO 2002)

"The purpose of the World Heritage List – and of World Heritage conservation in general – is to identify and protect sites of 'outstanding universal value', and to make sure they're here for you and your own children to appreciate and learn from.
Preserving these sites is up to you. If you shrug your shoulders and walk away, our entire collective World Heritage could easily disappear like the Seven Wonders of the Ancient world. It's that easy to lose, or to save. It's your choice.
What's also important to remember is that your own heritage, even in your own community, is worth preserving too."
(UNESCO 2002)

Die Luft ist mild
The air is mild

… und von der Sonne durchleuchtet, das Licht wird wieder stärker. Die Natur bereitet den Frühling vor. Noch sieht der Boden aus, als sei es aussichtslos, nach einem solchen Winter auf neues Grün zu warten. Wie ein Tierfell liegt das gelbbraune Gras am Boden an. Der Wind kommt vom Schneeberg her, lauer Wind mit Feuchtigkeit und dem Geruch der tauenden Erde. Jetzt blühen nur Huflattich und Buschwindröschen, manchmal zieht grüner Staub aus den Haselbüschen. Hell sind die Nächte, voll von Geräuschen. Eine Ahnung färbt die Landschaft anders, sie steigt rot in die Zweigspitzen, sie liegt im Licht auf den warmgelbbraunen Baumstämmen. Ein paar Tage später werden die Knospen aufbrechen, die Keimlinge durch das dürre Laub wachsen.

Und dann blühen die Wiesen und die Bäume von Tag zu Tag reicher – alles wird licht, leicht und schön.

Da ist der Frühling in den Föhrenbergen mit Kolonien von Kuhschellen; der Frühling im Pittental mit Wiesenhängen voller Traubenhyazinthen und Veilchen; der Frühling auf den Wiesen des Gahns mit seinen farbigen Blumenfeldern. Da ist der Frühling in der Buckligen Welt mit silbrigen Palmkätzchen, auf dem Waldboden blaue Tupfer der Leberblümchen und Seidelbast. Fast übersieht man ihn, aber er duftet in der warmen Märzsonne. Oben auf der Rax und dem Schneeberg leuchten die Firnfelder. Dort herrscht noch Winter, der Altschnee ist noch lange nicht geschmolzen. Erst im Juni werden hier auf den weiten Almmatten tausende von Alpenblumen wie ein bunter Teppich aufblühen.

Jedes Jahr ist das so – und dennoch kann mir der Frühling noch immer nicht zur Gewohnheit werden. Jedes Jahr muss ich auf's Neue staunen.

Eichberg bei Gloggnitz | *Eichberg near Gloggnitz*

... and sunlit, the light is slowly gaining in strength again. Nature prepares for springtime. The ground is still infertile and barren, and at this stage it seems pointless waiting for the tender green of spring after such a winter. Like an animal's coat, the yellow wilted grass lies bent and pressed firmly on the ground. A pleasant wind blows down from Schneeberg laden with moisture and the scent of the thawing earth. Only the coltsfoot and the wood anemone are in bloom right now, occasionally, green dust escapes the hazelnut. The nights are bright and filled with sounds. A suspicion dips the landscape into another colour, it ascends red into the tips of branches, it rests in the light in the warm hues of ochre tree trunks. A few days later, the buds will crack open, the seedlings will shoot through the dry foliage. And then, finally, the meadows will bloom in growing richness and the trees – everything grows bright, light and aesthetic from day to day.

Here it is, spring in the fir mountains with colonies of pulsatilla; spring in the Pitten valley with rich meadows full of grape hyacinths and lilacs; spring in the tranquil meadows of the Gahns with its multicoloured flower fields. Spring has moved across Bucklige Welt with silvery catkins, on the forest floor a blue sprinkling of liverwort and daphne. One could nearly miss it, if it were not for its unmistakable scent in the warming rays of the March sun. Vast patches of snow shimmer up on Rax and Schneeberg. Up there winter is still in command and the crusty old snow has not been defeated by a long shot. Only June will see a plethora of alpine flowers crowding the alpine pastures just like a multicoloured carpet.

This is the way it happens every springtime, yet it still has not become a monotonous habit. Each year I am amazed anew.

Seite 154/155: Thürmannsdorf, Gemeinde Enzenreith | *Page 154/155: Thürmannsdorf, Enzenreith*
Seite 156/157: Puchberg im Frühling | *Page 156/157: Puchberg in spring*

Über uns

About us

„Hallo, ich bin der Franz." „Hallo, Wolfgang." Ich war neu. Grafiker bei der Tourismusregion NÖ Süd. Franz brachte Bilder. Und sich. Frisch von der Entwicklung. Die Dias noch in gelbe Schachteln gerollt, aufgemacht und gegen das Licht des Fensters hergezeigt. Neues aus Prigglitz. Weit, offen, im richtigen Moment da. Ich auch. „Das Bild wird ein guter Einstieg – über zwei Seiten", meinte ich. „Ist gekauft", sagte der Tourismusdirektor, und: „mit dem wirst du noch öfter zu tun haben", als Franz Zwickl wieder draußen war. Das war 1990. Ein (für unsere Geschichte) historischer Moment – und eine Prophezeiung.
Manche Menschen triffst du nie wieder, Franz war einfach da. Unsere Wege kreuzen sich so oft, dass wir ein Team werden. Franz Zwickl fotografiert und präsentiert, Wolfgang Hartl layoutet und produziert. Gemeinsam entwickeln wir neue Konzepte und Ideen – wir müssen in Kaffeehäuser ausweichen, wo Schwarzes und Süßes uns neue Kraft gibt und die Menschen rundum das Leben genießen.
Ich lerne im Café unsere Region neu kennen: Hier lebe ich und bin immer unterwegs, doch die Bilder, die ich gegen das Sonnenlicht durchschaue, bringen mich zu unbekannten Plätzen. Und so ziehen wir immer wieder los, um Neues zu finden und mitzunehmen. Vieles kennt man. Aus Katalogen, Prospekten und anderen Publikationen; von den Diashows und Präsentationen. Neben und hinter den unzähligen Veröffentlichungen jedoch hat sich ein wunderbares Bildarchiv angesammelt, das heute über zweitausend ausgesuchte Daten umfasst.
Daraus wurde auch dieses Buch – und noch ein zweites. Und das ist die Geschichte seiner Entstehung. Doch nicht die einzige.

„Hallo, ich bin der Franz." „Guten Tag, Wolfgang Hartl." Noch ein fremder Mensch auf dieser weiten Welt, mit dem Franz per du war. Er war es nicht wirklich. Und ab diesem Moment doch, wie ich feststellte. Was an Franz Zwickl fasziniert, ist das spontane Hingehen und das Mittendrinsein.
Eine kleine Anekdote dazu: Zu einem Shooting für Trinkwasserqualität fuhr er in die Bucklige Welt, fand eine wunderbare Stelle mit rauschender Quelle, war aber allein unterwegs. Ging zum nächsten Haus, klopfte an und fragte: „Haben Sie eine Tochter? Darf ich sie fotografieren?" Das Mädchen war siebzehn, sehr hübsch, und ging fünf Minuten später zu seinem ersten Job als Fotomodell. Die Bilder wurden perfekt.
Es gibt Lieblingsplätze, die er zu jeder Jahreszeit einfängt. Dann entstehen Panoramen aus drei Bildern. Im Frühjahr war ich dabei. Wir standen auf einem weiten Feld und Franz fotografierte das Motiv, das er schon im Herbst festgehalten hatte, nochmal. Ohne Vorlage, ohne Markierung, einfach frei aus der Hand. Fertig entwickelt deckte sich das Herbst- mit dem Frühlingsbild fast passgenau. Daraus entstanden unsere „mehrdimensionalen" Bilder, in denen auch Zeit sichtbar wird (siehe Seiten 152–155).
Auf seinen Reisen wird das Auto zum Hotel („Wenn ich um fünf Uhr aufstehe, gibt es sowieso noch kein Frühstück"), der Berg zum Morgen, die Wüste zum Tag. Das Licht gibt vor, wann der nächste Termin ist, oft wartet er Stunden. Manchmal muss er noch einmal kommen, bis alles passt – vielleicht erst im nächsten Jahr.

Mit einem guten Blick, viel Geduld und einem Rucksack voller Kameras und Objektive bricht er auf. Oft ist der Weg ein weiter, manchmal ein Klettersteig, oder ein Baumstamm, um den Überblick zu bekommen. Dann wird eine 30-Meter-Drehleiter organisiert oder mit 20 Blitzen bei -20° Kälte ein Viadukt 20 Minuten lang belichtet. Es ist nicht immer so einfach.
Auch aus solchen Bildern entstand dieses Buch.
Franz lernte eigentlich Landwirt, produziert heute Bücher, ich hatte bei meiner humanistischen Ausbildung nur Bücher im Kopf, jetzt verlegen wir unser erstes.
Nichts an dem Buch entwickelte sich so, wie es wahrscheinlich hätte sein sollen, es wuchs einfach. Schnell ist es angedacht – aber dann braucht es viel Aufmerksamkeit und Zeit, bis es auf der Welt ist. Und eine gute Umgebung, liebe Menschen wie Christa und Marlies, die es mittragen, Freunde wie Michael und Johannes, die mitspielen, Verwandte, die darauf warten („Wann kommt es denn endlich?") und Kollegen wie Robert Pap und René Harather, die dazu ihr Wort beisteuern.
Es war für uns eine schöne Reise nach Hause, in die Wunderwelt der Zauberberge. Danke, dass Sie mit dabei waren.

Wolfgang Hartl

Franz Zwickl

"Hi, I'm Franz." "Hello, I'm Wolfgang Hartl." I was a rookie. A graphic designer employed by the tourist board of Lower Austria South. He delivered the pictures. And himself. Straight from developing. His slides still coiled up in yellow boxes, opened up and displayed by holding them in the light of the window. The latest from Prigglitz. Wide, open, hit the right moment. Me too. "The picture will make a good opener – a double spread," I reckoned. "Consider it bought," said the director of the tourist board. And "You'll be seeing more of that guy," once Franz Zwickl had left again. That was back in 1990. A historic event (for our story) – and a prophecy. Some people you never meet again, Franz was simply there. Our paths cross so many times, thus we converge as a team. Franz Zwickl takes photographs and presents, Wolfgang Hartl is in charge of the layout and produces. We create new concepts and ideas as a team – we have to meet in coffee shops where the sweet black nectar injects new energy into our systems while the folk around us enjoy their lives.

In the coffee shop I learn all about our region once again. Here I live and am constantly on the move, yet the images – inspected against the sunlight – take me to new places. Thus we have embarked on a journey in order to discover something new and bring it along. Quite a lot is known already, from brochures, folders and other publications, from slide shows and presentations. Behind the curtain of these countless publications, a great picture archive has grown, which today comprises more than 2,000 carefully selected photographs.

It was this database that gave birth to this book. It was simply there. Too much to cover in one volume, so we produced two books. And that is the story of the creation of this book. Yet, not the only one.

"Hi, I'm Franz." "Hello, I'm Wolfgang Hartl." I wasn't too sure at that moment whether there was one single person in the whole wide world who Franz would not be on informal terms with. As it turned out later, he sure wasn't with everybody. From that moment on, though, he was. A little anecdote. A drinking water quality shooting had him taken to Bucklige Welt, where he located a wonderful spot featuring a gurgling spring. He was by himself though, so he walked up to the nearest house, knocked and asked: "Do you have a daughter? May I take pictures of her?" The girl was 17 and very pretty, and walked off for five minutes to what was probably her first job as a photo model. The pictures turned out perfectly.

There are, for instance, favourite situations which are captured in each season. Panoramas consisting of three images. I was there in spring. We were standing in an open field and Franz once again captured the moment which he had already captured on film the previous autumn. No supporting images, no markers, freehand. Once developed, the autumnal shot matched the springtime one almost 100%. That was the direct source of our three-dimensional shots, which also make time visible (see pages 152–155). On all his trips his car turns into a hotel, ("When I get up at five, they don't offer breakfast anyway."), the mountain into his morning, the desert into his day. The light dictates the next appointment, quite often he patiently waits for hours, sometimes he has to return again till everything is perfect. Maybe next year.

A lot kicks off with a sharp eye, loads of patience and a backpack full of cameras and lenses. Quite possibly, his route is a long one, sometimes a climbing trail, a tree for better views. Then a rotating ladder has to be organised or a viaduct is lit by 20 flashes at a temperature of –20° Celsius. That was also part of the making of this book. It was not always easy, but it simply was, and always has been this way.

Franz actually has an agricultural background, produces books. During my humanistic education my head was crammed full of books, now we're publishing our first one.

Nothing came to life the way it had probably been meant to be, it simply grew from inside us. You are quick with an idea, but it takes a lot of attention and time to finally deliver it into reality. Fertile surroundings, dear people like Christa and Marlies, who help carry it, mates like Michael and Johannes, who play along, relatives, who wait for it with bated breath ("Is it finished yet?"), and colleagues like Robert Pap and René Harather, who contribute in writing.

It was a memorable journey home, into "The Miraculous World of Magical Mountains". Thank you so much for joining us.

Wolfgang Hartl

Literatur

Bibliography

Peter Altenberg: Extrakte des Lebens – Gesammelte Skizzen 1898–1919. Hg. W. J. Schweiger. Wien, Frankfurt 1987.

Peter Altenberg: Vita ipsa. Berlin 1918.

Peter Baumgartner: Kleine Bucklige Welt. Wien 1984.

Robert Bouchal, Josef Wirth: Österreichs faszinierende Höhlenwelt. Wien 2000.

Georg Brandstätter: Naßwald und seine Pioniere. Ternitz – Pottschach 1998.

Georg Brandstätter: Die Rax. Ternitz – Pottschach 2001.

Heimito von Doderer: Die Strudlhofstiege oder Melzer und die Tiefe der Jahre. München 1985.

Franz Xaver Embel: Fußreise von Wien nach dem Schneeberge. Wien 1801.

Franz Xaver Embel: Schilderung der Gebirgs-Gegenden um den Schneeberg in Österreich. Wien 1803.

Viktor E. Frankl: Was nicht in meinen Büchern steht. Lebenserinnerungen. München 1995.

Johannes Gans: Wandererlebnis Bucklige Welt. St.Pölten – Wien 1995.

Wolfgang Haider-Berky: Sagen aus der Buckligen Welt. Neunkirchen o.J.

Wolfgang Haider-Berky: Sagen aus dem niederösterreichischen Wechselgebiet. Neunkirchen o.J.

Barbara Higgs, Wolfgang Straub (Hg): Wegen der Gegend. Literarische Reisen durch Niederösterreich. Frankfurt 1997.

Thomas Hofmann: Sagenhaftes Niederösterreich. Eine Spurensuche zwischen Mythos und Wahrheit. Wien 2000.

Ottokar Janetschek: Der Raxkönig. Wien 1959, 1984.

Wolfgang Kos (Hg.): Die Eroberung der Landschaft. Semmering-Rax-Schneeberg. Katalog zur Niederösterreichischen Landesausstellung Schloss Gloggnitz 1992. Wien 1992.

Wolfgang Kos, Elke Krasny (Hg.): Schreibtisch mit Aussicht. Österreichische Schriftsteller auf Sommerfrische. Wien 1995.

Karl Lukan: Herrgottsitz und Teufelsbett. Wien 1979.

Karl Lukan: Weißer Stein und Rotes Türl. Wien 1990.

Karl Lukan: Seltsame Kultstätten – Sonderbare Heilige. Kulturhistorische Wanderungen in Österreich. Wien 1995..

Karl Lukan: Schneeberg und Rax. Wien 1978

Robert Pap: Wiedergefundenes Paradies. Sommerfrischen zwischen Reichenau und Semmering. Reichenau 1996.

Robert Pap: Reichenauer Spaziergänge. Ternitz – Pottschach 1998.

Adolf Schmidl: Der Schneeberg in Unterösterreich mit seinen Umgebungen von Wien bis Mariazell. Wien 1831.

Philipp Schoeller: Dörfles und Strelzhof. Chronik. Dörfles 1990.

Joseph August Schultes: Ausflüge nach dem Schneeberge in Unterösterreich. Wien 1802, Nachdruck Wien 1982.

Norbert Toplitsch: Sagen und Geschichten aus dem Semmering-Rax-Schneeberggebiet. Hg. Franz Prüger. Payerbach 1983.

Franz Carl Weidmann: Alpengegenden Niederösterreichs und Obersteyermarks im Bereiche der Eisenbahn von Wien bis Mürzzuschlag. Wien 1871 (5. Auflage).